추천의 글

지금까지 살아오면서 가장 자주, 그리고 가장 간절히 붙들었던 성경 구절이 시편 23편이다. 이 말씀은 내 삶에서 가장 힘들고 어두웠던 시기에 나를 위로하고 다시 일어설 힘을 주었다. 그러나 『가장 어두운 순간, 가장 가까이에』를 읽으며 나는 여전히 이 말씀의 깊이를 충분히 이해하지도, 그 안에 담긴 풍성한 의미를 다 헤아리지도 못했음을 깨달았다. 이 책은 성경에서 가장 빛나는 이 말씀을 더 깊이, 더 풍성하게 탐구하도록 이끌어준다.

팀 챌리스, 『한눈으로 보는 비주얼 성경 읽기』의 저자이자 강연자

이 책을 읽는 것은 하나님의 말씀을 따뜻하고 명확하게 풀어주는 목회자 아래에서 최고의 돌봄을 받는 것과 같다. 시편 23편의 전체 구조를 따라 저자와 함께 묵상하다 보면, 하나님의 말씀이 얼마나 빛나는지를 새롭게 발견하게 된다. 그리고 마침내 성경이 증언하는 구원자이자 선한 목자이신 예수께서 끝까지 우리와 함께하신다는 사실을 확신하게 된다.

캐슬린 닐슨, 『ESV 성경공부 시리즈』의 저자이자 〈복음 연합〉 여성위원회 책임자

『가장 어두운 순간, 가장 가까이에』는 세심한 본문 해석과 깊이 있는 신학적 통찰이 어우러져, 우리 마음을 위로하고 영적으로 성장하도록 이끈다. 이 책을 통해 독자들이 주님을 새롭게 만나는 은혜를 누리길 바란다. 나 역시 감당하기 힘든 순간에 이 책을 통해 큰 위로를 받았다.

팀 체스터, 『예수님이 차려 주신 밥상』의 저자이자 〈크로스랜드 트레이닝〉 수석교수, 목회자

이 책은 성육신하신 선한 목자, 곧 그리스도와의 연합이라는 관점에서 시편 23편을 깊이 있게 조명한다. "주께서 광야에서도 우리를 위해 식탁을 차려주실까?"라는 질문을 하는 이들에게 확신과 위로, 인도하심을 다시금 일깨워준다. 인생길에 든든한 버팀목이 되어주는 책이다.

마이클 호튼, 『그리스도 없는 기독교』의 저자이자 웨스트민스터 석좌교수, 목회자

이 책에는 목자의 따뜻한 마음이 살아 숨 쉰다. 시편 23편이 그 자체로 아름답고 위로가 되는 말씀인 것처럼, 사랑 가득한 목자의 음성으로 들려오는 저자의 묵상 또한 우리 마음을 따뜻하고 충만하게 한다. 나에게 그러했듯, 여러분에게도 분명 유익한 책이 될 것이다.

크리스토퍼 애쉬, 『욥기-십자가의 지혜』의 저자이자 설교자

성경을 읽고 공부하는 데에는 두 가지 방식이 있다. 하나는 고속도로를 질주하듯 성경의 큰 흐름을 빠르게 훑으며 이야기의 전체 흐름을 파악하는 것이고, 다른 하나는 소가 되새김질하듯 한 구절을 반복하여 깊이 묵상하며 그 의미를 차근차근 끌어내는 것이다. 데이비드 깁슨은 시편 23편을 후자의 방식으로 탐구하며 놀라운 통찰을 우리 앞에 펼쳐 보인다.

데일 랄프 데이비스, 『다니엘 강해』의 저자이자 신학자, 목회자

시편은 성경의 찬송가이다. 하나님은 그분의 백성에게 자신의 임재 앞에 나아와 그분의 뜰에서 찬양하라고 명하셨다(시 100:2, 4). 그들은 노래하는 동시에 탄식하고 눈물을 흘리기도 했다. 그중에서도 시편 23편만큼 많은 사랑을 받으면서도 오해되고 오용된 시편은 드물다. 이 책에서 데이비드 깁슨은 우리가 너무나 익숙하게 여겨온 이 말씀의 아름다움과 깊이를 새롭게 풀어낸다. 그 결과 우리는 시편 23편의 진리를 다시금 깨닫고, 온 마음으로 노래할 수 있게 된다.

해럴드 센크바일, 『하나님을 신뢰할 수 없을 때』의 저자이자 목회자

『가장 어두운 순간, 가장 가까이에』를 읽고 나서 시편을 더 깊이 사랑하게 되었다. 이 책은 선한 목자 되신 주님의 아름다움을 더욱 선명하게 비추어준다. 이 책은 예수님이 얼마나 위대한 목자이시며, 신실한 동행자이시고, 우리의 참된 주인이신지를 온전히 드러낸다. 읽고, 묵상하고, 기도하자. 그 여정은 분명 우리에게 가치 있는 경험이 될 것이다. 그 안에서 우리는 그리스도의 영광을 더욱 풍성히 누리게 될 것이다.

제이슨 헬로풀로스, 유니버시티 개혁교회 담임목사이자 작가

『가장 어두운 순간, 가장 가까이에』는 제목부터 인상적인, 목회 신학 분야의 보석 같은 책이다. 데이비드 깁슨은 익숙한 구절들을 새로운 시각으로 조명하는 탁월한 통찰력을 지녔으며, 깊이 있는 이해와 세심한 표현으로 그 말씀의 가치를 한층 더 빛나게 한다. 이 책은 폭넓은 연구를 바탕으로 본문을 정밀하게 분석하는 동시에, 삶에 적용할 수 있는 실제적인 통찰도 놓치지 않는다. 독자는 이 책을 통해 선한 목자 되신 주님께로 시선을 향하게 되고, 그분의 언약 안에 담긴 은혜와 자비를 새롭게 깨달아 경배하게 될 것이다. 따뜻하고 섬세한 목회적 해설이 담긴 이 책은 우리 영혼에 신선한 활력을 불어넣어준다.

데이비드 잭맨, 『요한서신』의 저자이자 〈콘힐 트레이닝 코스〉의 대표

저자는 목회자의 따뜻한 시선으로 각 구절을 세밀하게 살피며 우리의 마음을 위로하고, 사고를 확장한다. 그리고 한 걸음 내디딜 때마다 우리의 시선을 본향으로 인도하시는 선한 목자, 예수께로 향하게 한다. 정말 감명 깊게 읽었다!

제니 솔트, 시드니 성경대학 교수이자 기독교 방송 진행자

데이비드 깁슨이 시편 23편을 탐구하는 여정에서 특별한 점은, 그의 시선이 언제나 하나님께 고정되어 있다는 것이다. 주님이 나의 목자이시라면, 나는 모든 것을 가진 것이다. 그분의 지혜가 우리를 인도하고, 그분의 쉼이 우리를 새롭게 하며, 그분의 임재가 우리와 함께한다. 그분의 능력이 우리를 보호하며, 그분의 선하심과 자비가 끝까지 우리를 따른다. 이 책을 읽는 동안 우리는 그리스도 안에서 우리가 받은 모든 은혜를 새롭게 바라보게 되며, 영혼을 채우는 양식을 얻게 될 것이다.

콜린 스미스, 『손에 잡히는 성경 이야기』의 작가이자 오차드 복음자유교회 담임목사

가장 어두운 순간,
　　가장 가까이에

The Lord of Psalm 23:
Jesus Our Shepherd, Companion, and Host

Copyright © 2023 by David Gibson
Published by Crossway, a publishing ministry of Good News Publishers Wheaton, Illinois 60187, U.S.A.
This edition published by arrangement with Crossway through rMaeng2, Seoul, Republic of Korea. All rights reserved.

이 한국어판의 저작권은 알맹2를 통하여 Crossway와 독점 계약한 텐북에 있습니다.
신 저작권법에 의하여 한국 내에서 보호 받는 저작물이므로 무단 전재와 무단 복제를 금합니다.

시편 23편에서 만난 나의 하나님

가장 어두운 순간,
가장 가까이에

데이비드 깁슨 지음

김만호 옮김

싱클레어 퍼거슨 서문

템북

그분 안에서 나는 예물과 제단, 성전과 제사장, 태양과 방패, 구주와 목자, 피난처와 안식처, 양식과 치료제, 부와 영광, 지혜와 의로움, 거룩함을 얻는다. 고백하건대, 이 모든 것이 그분 안에 있다.

존 뉴턴

일러두기
- 이 책에 표시된 강조 표시는 모두 저자에 의한 것이다.

드루 털럭에게 이 책을 바친다.

목차

01 추천의 글
14 서문
18 시편 23편
20 들어가며
32 찬송으로 울려 퍼지는 시편 23편

1부 양과 목자

40 이름 없는 나를 아시는 이가
60 나를 풀밭에 누이시고 물가로 이끄시네
88 의의 길에서 그분의 발소리가 들려오네

2부 나그네와 동반자

114 두려움 속에서 나를 이끄시고

134 가장 어두운 순간, 가장 가까이에서

157 지팡이와 막대기로 지키고 인도하시네

3부 손님과 주인

185 원수 앞에 상을 차리시고

209 끝까지 나를 따라오셔서

232 영원히 거할 그곳으로 나를 부르시네

250 **감사의 글**

253 **미주**

서문

내가 신학교에서 가르치던 때의 일이다. 채플 시간에 한 학생이 초청 설교자를 이렇게 소개했다. "이분은 저의 목사님입니다." 그리스도의 양 떼를 돌보는 목회자에게 이보다 값진 표현이 있을까. 나 역시 지금까지는 말할 기회가 없었지만 이 자리에서 고백하건대, 데이비드 깁슨은 나의 친구이자 나의 목사님이다. 이 책을 끝까지 읽고 나면, 그의 목회 아래 있는 것이 얼마나 큰 복인지 알게 될 것이다.

이 책에서 그는 시편 23편의 여섯 구절을 따라 우리를 한 걸음 한 걸음 이끌어간다. 적어도 내가 자란 지역에서는 시편 23편이 성경 말씀 중에서 가장 널리 알려지고, 가장 자주 불리던 시편이었다. 찬송가가 예배의 필수 도구였던 시절, 장례 예배를 비롯한 많은 자리에서 찬송가를 펼치면 자연스럽게 시편 23편이 나올 정도였다.

나는 말을 막 배우기 시작할 무렵, 아니면 적어도 어린 시절 고모가 선물해준 어린이용 성경 동화책을 읽으면서 처음 이 시편을 접했다. 특히 크리몬드 선율에 맞춰 불렀던 시편 23편은 내 삶의 배경음악처럼 늘 나와 함께했다.

그러나 내가 이 시편에서 항상 감동을 받았던 것은 아니다. 그 책임이 전적으로 고모에게 있다고 할 수는 없지만, 고모가 선물한 동화책의 표지가 어느 정도 영향을 준 것은 분명하다. 그 책 표지에는 시편의 저자인 다윗이 빛나는 얼굴로 바위 옆에 앉아 있었다. 잘생긴 얼굴에 깨끗한 옷을 입고 흠 하나 없는 지팡이를 든 목자의 모습은 내가 결코 닮을 수 없는 완벽한 미소년처럼 보였다. 시간이 흐르며 그 이미지에 익숙해지긴 했지만, 수 세기 동안 수많은 신자에게 생명의 양식이 되고 영혼을 살찌운 시편 23편의 말씀을 깊이 깨닫는 데에는 걸림돌이 되었던 것이 사실이다.

아마 나와 비슷한 경험을 한 이들이 적지 않을 것이다. 언제부터 달라졌는지 정확히 기억나지는 않지만, 무엇이 내 눈을 뜨게 했는지는 분명히 알고 있다. 그것은 다윗이 "사망의 음침한 골짜기"(시 23:4)라고 표현한 짙은 어둠을 나 역시 어느 정도 경험한 뒤였다. 그제야 어린 시절 내 마음속에 자리 잡고 있던 목자의 이미지가 서서히 희미해지기 시작했다. 그리고 마침내 이 시편이 단지 '하나님은 나처럼 양 떼를 돌보시는 분이시다'라고 여긴 미숙한 목동의 명상이 아니라는 것을 깨닫게 되었다.

시편 23편은 수많은 시련과 실패, 상실을 겪은 이의 고백이다. 젊은 시절의 죄로 깊은 상처를 입고, 그 죄로 인해 하나님께 "내 젊은 시절의 죄와 허물을 기억하지 마시고"(시 25:7)라고 간절히 부르짖는 자의 고백이다. 다윗은 실제로 사망의 음침한 골짜기를 지나왔다. 그는 적들에게 둘러싸인 순간에도, 아니 오히려 바로 그런 때에 하나님의 공급하심을 더욱 깊이 경험했다. 그런 순간에 그는, 그의 조상 야곱이 하나님을 가리켜 "지금까지 나를 기르신 하나님"(창 48:15)이라고 부른 말의 의미를 온몸으로 깨달았던 것이다.

아마 당신은 왜 시편 23편이 그렇게 많은 그리스도인에게 특별한 의미를 지니는지 궁금해서 이 책을 펼쳤을 것이다. 그것은 한때 나의 질문이기도 했다. 그런 이유가 아니라면 이 시편이 당신 개인에게도 특별한 의미가 있어서, 또는 그 안에 숨겨진 더 많은 보화를 발견하고자 이 책을 집어들었을 것이다. 어떤 이유에서든, 지금 우리는 데이비드 깁슨의 신중하고 따뜻한 손길에, 그리고 무엇보다 그의 깊은 통찰과 목회자로서의 헌신된 마음에 우리의 여정을 맡기고 있는 셈이다.

그의 사역에는 성경을 깊이 있게 해석하는 탁월한 강해 설교자의 통찰력과, 교회를 사랑하는 목회자의 따뜻한 헌신이 함께 담겨 있다. 이 책에서 그는 먼저 자신의 양 떼를 먹였던 그 영적 양식을 우리에게도 아낌없이 나누어준다.

이 책의 내용이 그의 사역 가운데 잠시 반짝인 한순간이 아니라 그의 목회 전체를 대표할 만한 것이라고 말한다면, 그가 이 책에서 전하는 메시지가 얼마나 신뢰할 만하고 깊이 있는지를 쉽게 짐작할 수 있을 것이다. 많은 사람들이 나를 찾아와 데이비드 깁슨의 책들을 통해 큰 유익을 얻었다고 말한다. 나 역시 그들의 말에 깊이 공감한다. 당신도 분명 그의 글을 더 읽고 싶어질 것이다. 그러니 우선, 이 책을 천천히 음미하며 깊이 누리길 바란다.

싱클레어 퍼거슨

시편 23편

다윗의 시

여호와는 나의 목자시니
내게 부족함이 없으리로다
그가 나를 푸른 풀밭에 누이시며
쉴 만한 물 가로 인도하시는도다
내 영혼을 소생시키시고
자기 이름을 위하여
의의 길로 인도하시는도다

내가 사망의 음침한 골짜기로 다닐지라도
해를 두려워하지 않을 것은
주께서 나와 함께 하심이라
주의 지팡이와 막대기가
나를 안위하시나이다

주께서 내 원수의 목전에서
내게 상을 차려 주시고
기름을 내 머리에 부으셨으니
내 잔이 넘치나이다

내 평생에 선하심과 인자하심이
반드시 나를 따르리니
내가 여호와의 집에 영원히 살리로다

들어가며

성경의 어떤 본문은 설교나 글로 풀어내는 것이 쉽지 않다. 목회자나 신학자가 특별히 이해하기 어려운 내용이어서가 아니다. 오히려 그 말씀 자체가 듣는 이와 읽는 이에게 이미 너무나 특별한 의미를 지니고 있기 때문이다. 시편 23편은 이 사실에 가장 부합하는 말씀이다.

나는 우리 교회의 성도이기도 한 소중한 친구를 병문안 한 뒤에 시편 23편을 설교하게 되었다. 그는 삶의 기로에서 큰 수술을 받고 병원에 입원해 있었다. 수술이 끝난 지 얼마 되지 않아 아주 짧은 글만 겨우 읽을 수 있는 상태에서 그는 내게 『양과 목자』(생명의말씀사, 1978)라는 책을 보여주었다. 그 책은 목회자 필립 켈러가 시편 23편의 각 구절을 깊이 묵상하며 한 단어 한 단어 목자의 손길로 세심하게 되새

긴 것이다. 그 결과, 시편 23편에 대한 깊고도 친밀한 해석이 탄생했다.

우리는 그 책이 왜 유익한지 함께 이야기했고, 나는 병원을 나서는 길에 시편 23편을 주제로 세 편의 설교를 해야겠다고 마음먹었다. 이후 관련 자료를 찾고 본문을 연구하며 설교 시리즈의 윤곽을 잡았고, 교인들에게 이를 알리기 위해 깊고 어두운 계곡의 사진도 구했다. 그 사진은 분명 성도들의 관심을 끌 만한 것이었다.

며칠 뒤 다시 병원을 찾아가서 친구에게 그 사진을 자랑스럽게 보여주었다. 그는 사진을 보자마자 주저 없이 말했다. "아니에요, 목사님. 이 사진 속 언덕은 너무 완만해서 앞구르기를 하며 내려가도 될 정도예요! 제 생각에 '사망의 음침한 골짜기'는 『천로역정』에 나오는 골짜기처럼 생겼을 것 같아요."

이 책을 따라가다 보면 우리는 곧 그 골짜기에 도달하게 될 것이다. 존 번연이 그려낸 생생한 묘사와도 마주하게 될 것이다. 존 번연의 글은 내가 그 골짜기를 훨씬 더 깊이 이해하는 데 큰 도움이 되었다. 나 역시 이 책에서 그 의미를 제대로 전할 수 있기를 바란다. 그 친구는 이 책을 읽는 여러분에게 일어날 수 있는 한 가지 가능성을 내게 일깨워주었다.

시편 23편은 많은 이들에게 삶의 가장 고통스럽고 힘든 순간을 견디게 해준 위로의 말씀이다. 하지만 그렇게 가슴 깊이 새기며 소중히 간직해온 말씀을 누군가가 한 줄 한 줄 분석하며 의미를 풀어내는 일은 오히려 실망감을 줄 수도 있다. 이미 그 말씀의 의미를 삶으로 경험한 사람에게는 그런 해설이 불필요하게 느껴지기 때문이다. 그것은 마치 오랜 세월 손에 익어 편안해진 보물을 누군가 빼앗아 이리저리 만지작거린 다음 본래의 형태를 알아볼 수 없는, 전혀 다른 모습으로 만들어 돌려주는 것과 같다.

나는 여러분이 그런 실망을 겪지 않기를 간절히 바라고 기도한다. 내가 이 책을 통해 이루고자 하는 것은, 여러분이 마치 오랜 친구를 다시 만나는 듯한 느낌을 경험하게 하는 것이다. 익숙함과 편안함 속에서 예상치 못한 깨달음의 문이 새롭게 열리기를 바란다. 그것이 여러분과 시편 23편 사이에 이미 맺어진 깊은 관계를 해치는 것이 아니라, 오히려 그 관계를 더 깊고 풍성하게 해주는 시간이 되기를 소망한다.

시편 23편에 담긴 보화는 끝이 없다. 이 짧은 시편의 한

가장 어두운 순간, 가장 가까이에

구절 한 구절이, 마르틴 루터의 아름다운 표현을 빌리자면 "작은 성경(a little Bible)"[1]과 같다는 사실을 발견하게 될 것이다. 여섯 절에 불과하지만, 이 시편은 마치 성경 66권 전체를 들여다보는 창과 같다. 그리고 그 창을 통해 우리는 구원의 이야기를 장엄하면서도 동시에 개인적이고 친밀한 방식으로 마주하게 된다.

앞으로 이어질 페이지에서 시편 23편의 각 구절을 따라가며, 그 말씀 안에 담긴 의미를 가능한 한 충실하게 전하고자 한다. 이 여정은 서신서처럼 논리적이고 직선적인 흐름을 따르기보다는, 굽이진 길을 함께 걷는 여정이 될 것이다. 시편의 한 구절을 다른 구절과 연결해 살펴보기도 하고, 더 나아가 성경의 다른 본문들과 조명하며 그 의미를 더욱 풍성하게 드러내고자 한다.

"시편 23편의 의미는 너무도 명확하여, 굳이 주석을 달 필요가 없다"는 말이 있다.[2] 그러나 다른 한편에서는 이 시편에 담긴 여러 단어와 개념들이 "열린 의미를 지니고 있으며", 종종 "완전히 정의되지 않은 상태로 남아 있다"고도 말한다.[3]

이 책을 읽는 동안, 시편 23편이 전하는 가장 첫 번째 진리를 잊지 않기를 바란다. 그리고 선한 목자 되신 주 예수님과의 동행이 더욱 친밀해지고, 그분을 경험하는 기쁨이 한층 더 깊고 달콤해지기를 소망한다.

이 소망은 시편 23편이 지닌 두 번째 진리 덕분에 더욱 풍성해질 것이다. 그 진리는 바로 이 시편이 '열린 의미'를 담고 있다는 것이다. 이는 혼란스러워할 이유가 아니라, 오히려 말씀을 더 깊이 탐구할 기회가 된다. 실제로 영어 표준 번역(English Standard Version, ESV) 성경에는 시편 23편에 대한 주석이 일곱 가지나 수록되어 있을 만큼 다양한 해석이 가능하다. 우리는 이러한 해석의 폭을 함께 살펴보며, 시편 23편을 더욱 깊이 이해하게 될 것이다.

이 말씀을 다시 읽는 순간부터 우리는 처음 읽을 때는 보이지 않았던 보화들을 발견하는 여정을 시작하게 될 것이다. 명확하면서도 열린 해석이 가능하다는 것이 시편 23편이 오랫동안 사랑받아 온 이유이며, 동시에 우리가 그 깊이를 쉽게 다 헤아릴 수 없는 이유이기도 하다.

나는 알렉 모티어(Alec Motyer)의 날카로운 개요를 바탕으로 시편 23편을 살펴보려 한다. 이 개요는 *The New Bible Commentary*(새 성경 주석)에 비교적 눈에 띄지 않게 실려 있지만, 놀라울 만큼 깊이 있는 통찰을 담고 있다.

모티어의 탁월한 주석과 그의 시편 개요를 살펴보면서 다음과 같은 구조로 시편 23편을 풀어가고자 한다.

- 양과 목자(1-3절)
- 나그네와 동반자(4절)
- 손님과 주인(5-6절)

모티어는 이 세 부분의 중심에 개인적인 신앙 고백이 자리하고 있다고 강조한다.

- 나는 부족함이 없으리로다(1절)
- 나는 두려워하지 않으리라(4절)
- 나는 영원히 살리라(6절)

이와 같은 구조 속에서 시편 23편의 의미를 하나하나 발견해보자.[4] 시편의 구조가 이러한 틀을 이루고 있다면, 그 중심을 지탱하는 축은 시편 기자와 그가 묘사하는 분 사이의 깊고 친밀한 관계라고 할 수 있다. 이 관계는 시편의 첫 구절에서 '그분-나(He-me)' 관계로 표현된다. 이것만으로도 충분히 가까운 관계이지만, '사망의 음침한 골짜기'에 이르면 그 관계는 가장 자연스럽고도 아름답게 '주님-나(You-me)' 관계로 변화한다.

모티어는 이에 대해 다음과 같이 말한다. "그림자가 어두울수록 주님은 더욱 가까이 계신다!"[5] 바로 이 지점에서 시편은 하나님을 향해 직접 말하는 구조로 전환된다. 다시 말해, 선한 목자이시며 가장 가까운 동행자이시고, 풍성한 잔치를 베푸는 후한 주인이신 하나님을 직접 부르고 고백하는 시편이 되는 것이다. 시편 23편이 성경에 기록된 까닭은 주 예수 그리스도를 선명하게 드러내고 있기 때문이다.

거기에서 더 나아가, 시편 23편은 예수님을 나의 주님으로 알고, 사랑하며, 찬양하는 개인적 고백의 노래이기도 하다. 그래서 나는 이 책을 통해 이루고자 하는 분명한 목표가 하나 있다. 시편 23편의 이미지와 시적 아름다움, 그리고 그 속에 담긴 주제를 통해, 주 예수께서 자신에게 맡겨진 자들을 끝까지 책임지신다는 진리를 보여주는 것이다. 나는 이것이야말로 목자의 이미지와 잔치를 베푸는 주인의 이미지가 하나로 이어지는 핵심적인 의미라고 믿는다.

가장 어두운 순간, 가장 가까이에

고대 근동에서 목자는 자기 양 떼에 대해, 그리고 주인은 자기 손님에 대해 완전하고 절대적인 책임을 졌다.[6] 이것이 바로 시편 23편 말씀이 하나님의 백성을 영적으로 풍요롭게 하고 양육해온 이유이다.

이 시편에서 하나님을 묘사하는 언어는 처음부터 끝까지 능동적이고 강렬하며 주도적이다. 하나님께서 친히 **행하시고, 인도하시며, 회복시키시고, 다시 인도하신다.** 또한 그분은 **함께하시고, 준비하시며, 기름을 부으신다.** 단 여섯 절의 짧은 시편이지만, 우리는 이 시편 안으로 들어서는 순간 놀랍도록 아름다운 세계를 만나게 된다.

그것은 이 시편에서 우리가 만나게 되는 분 때문이며, 그분과 동행하며 누리게 되는 은혜 때문이다. 시편 23편은 우리가 그리스도께 속해 있을 때, 그분의 적극적인 돌보심과 능력, 인도하심과 보호 아래 살아가게 된다는 사실을 분명히 가르친다. 이것이야말로 가장 세심하고, 가장 확실하며, 가장 안전한 보살핌의 관계이다.[7]

교회 역사 속에서 존경받는 신학자들과 목회자들은 예수께서 우리에게 주시는 것이 완전한 이유는 바로 그분 자신을 우리에게 내어주시기 때문이라고 보았다. 그분은 우리가 필요로 하는 모든 것을 주신다. 왜냐하면 그분 자신이 바로 우리가 필요로 하는 것 그 자체이기 때문이다.

예수님의 이 완전한 충분하심은 기독교 신학에서 가장 아름다운 표현들을 탄생시켰다. 예를 들어, 장 칼뱅이 예수님을 어떻게 묘사했으며, 그분이 우리를 위해 이루신 사역을 어떻게 설명했는지 살펴보자.

> 우리는 온전한 구원이 오직 그리스도 안에 있음을 알 수 있다. 힘은 그분의 주권에 있고, 순결은 그분의 성육신 안에 있으며, 온유함은 그분의 탄생에서 찾을 수 있다. 속량은 그분의 고난 속에 있고, 무죄 선언은 그분의 정죄 속에 있으며, 저주에서의 해방은 그분의 십자가에서 이루어진다. 만족은 그분의 희생에 있고, 정결함은 그분의 피에서 오며, 화해는 그분이 지옥으로 내려가신 데서 주어진다. 육체의 죽음은 그분의 무덤에서 극복되고, 새 생명과 불멸은 그분의 부활로 인해 주어지며, 천국의 유업은 그분의 승천 속에서 확실해진다. 보호와 안전, 모든 복의 풍성한 공급은 그분의 나라에 있으며, 심판에 대한 두려움 없는 소망은 그분께 맡겨진 심판자의 권세 속에 있다. 결국

모든 선한 것이 그리스도 안에 넘치도록 풍성하므로, 우리는 다른 곳이 아닌 오직 이 샘에서 마음껏 마셔야 한다.[8]

칼뱅의 이 탁월한 표현은 그가 그리스도와의 연합을 깊이 이해했다는 증거이다. 우리가 믿음으로 그리스도와 연합할 때, 그분의 모든 것이 곧 우리의 것이 된다.

비록 시편 23편의 문법적 구조는 다르지만, 그 신학적 세계관은 동일하다. 시편 속의 이미지들—목자와 함께하는 양, 동반자와 함께하는 나그네, 주인의 환대를 받는 손님—은 우리가 구주와의 연합을 얼마나 구체적이고 생생하게 경험할 수 있는지를 잘 보여준다.

그리스도와의 연합은 단순히 추상적 개념이 아니다. 그것은 공허한 이론이 아니라 기독교 신앙의 본질이며, 예수님을 **당신의** 목자로 모신다는 것이 무엇인지를 알려주는 핵심 진리다. 우리는 온전히, 그리고 전적으로 그분께 속해 있으며, 그분이 누구이신지를 알기에 그분 안에서 모든 것을 소유하게 된다.

이 책을 읽는 이들을 위한 나의 간절한 기도는, 윌리엄 개즈비(William Gadsby)의 다음 찬송가 가사처럼 "당신의 영혼이 주님을 더욱 사랑하고 찬양하게 되는 것"이다.

불멸의 영광이 예수님의 머리 위에 머무네
나의 하나님, 나의 기업, 나의 생명의 양식이시여
나는 그분 안에서 살며, 그분께 나의 염려를 맡기니
그분은 나를 죽음과 멸망과 절망에서 구원하시네.

그분은 깊은 고난 속 나의 피난처,
나의 힘, 나의 영광스러운 의로움이시네
거센 물결과 불길 속에서도 나를 안전하게 인도하시고
날마다 그의 주권적인 선하심을 나타내시네.

나의 모든 필요를 풍성히 채우시고
그 자비는 결코 나를 버리지 않으시네
그분 안에는 영적 보화가 가득하며
비할 데 없는 은혜로 그 보화는 나의 것이 되었네.

오, 나의 영혼이 더욱 그분을 사랑하고 찬양할 수 있기를
그분의 아름다움을 좇고, 그분의 위엄을 경배하며

가장 어두운 순간, 가장 가까이에

그분의 마음 가까이 머물고, 매일 그분의 사랑 안에 쉬며

그분의 사랑스러운 음성을 듣고,

그분의 뜻에 온전히 순종하기를!

찬송으로 울려 퍼지는 시편 23편

이 책은 스코틀랜드 애버딘에 있는 트리니티 교회에서 한 세 편의 설교에서 비롯되었다. 예배 시간마다 각 설교 후에는 서로 다른 버전의 시편 23편 찬송을 찬송을 불렀고, 이 곡들은 책의 각 부 마지막에 수록되어 있다.

나의 주, 나의 목자, 내 삶을 다스리시네

첫 번째 찬송은 크리스토퍼 아이들이 1977년에 작사한 "나의 주, 나의 목자, 내 삶을 다스리시네(The Lord My Shepherd Rules My Life)"이다. 그는 16세기 스코틀랜드 시편집에서 흔한 고어와 도치법을 피해 친숙한 은율의 시편 23편을 제공하기 위해 이 곡을 썼다고 말했다.

가장 어두운 순간, 가장 가까이에

아이들은 양을 어루만지고 보살피는 목자보다 통치하고 다스리는 목자라는 성경적 이미지를 강조하고자 했다. 이 찬송은 열두 마디의 구조로 되어 있으며, 각 절의 마지막 두 줄은 반복하여 부르게 되어 있다.

주는 나의 목자이시니, 내게 부족함이 없네

두 번째 곡은 1650년 스코틀랜드 시편집에 수록된 "주는 나의 목자이시니, 내게 부족함이 없네(Lord's My Shepherd, I'll Not Want)"이다. 시편을 운율로 번역한 찬송 중에서 가장 널리 알려진 곡이라 할 수 있다.

가사는 영국의 청교도 윌리엄 위팅엄이 지었다. 그는 제네바의 성경 번역자이자 장 칼뱅의 여동생과 결혼한 인물이며, 제네바의 영국 피난민 교회에서 존 녹스의 뒤를 이어 목사로 섬겼다.

이 찬송은 공통 운율(Common Meter)로 되어 있어 다양한 곡조와 쉽게 조화를 이루지만, 오늘날에는 크리몬드(Crimond) 곡조가 가장 널리 불린다.

영국의 엘리자베스 2세 여왕은 스코틀랜드 발모럴 성에

머무를 때 왕실 가족이 예배를 드리는 크래시 교회(Crathie Kirk)에서 이 찬송을 들었다. 이후 1947년 웨스트민스터 사원에서 열린 그녀의 결혼식에서 이 곡이 울려 퍼졌고, 2022년, 엘리자베스 2세의 끝을 알리는 그녀의 국장에서도 이 찬송이 다시 울려 퍼졌다.

사랑의 왕,
나의 목자 되시네

세 번째로 수록된 찬송은 내가 개인적으로 가장 사랑하는 곡인 "사랑의 왕, 나의 목자 되시네(The King of Love My Shepherd Is)"이다. 가사는 성공회 사제 헨리 윌리엄스 베이커가 지었으며, 그는 찬송가집 *Hymns Ancient and Modern*(고대와 현대 찬송가)의 편집장이기도 했다.

이 찬송은 시편 23편의 여섯 번째 절에 맞춰 6절로 구성으로 되어 있으며, 곳곳에 신약 성경의 이미지들이 인용되어 있다. 예를 들어 "속전(ransom)"은 마태복음 20장 28절에서, "생수(living water)"는 요한복음 4장 10절에서 가져왔다.

네 번째 절에서는 "주의 십자가가 내 앞에 있어 나를 인도하네"라고 노래하며 예수 그리스도에 대한 암시를 담고 있다. 이 찬송에 담긴 풍성한 신학적 의미는 책의 뒷부분에서 다시 다루게 될 것이다.

설교라는 말씀의 선포와, 찬송과 기도라는 응답이 하나로 어우러질 때, 예배는 더욱 강력한 영적 리듬을 갖게 된다. 이 결합은 우리가 동일한 실재를 다양한 각도에서 바라볼 수 있도록 돕고, 하나님이 누구이신지를 우리의 존재 전체로 받아들이게 한다. 이 찬송들의 가사와 이 책에 담긴 말씀이 여러분의 마음과 영혼, 생각과 힘을 움직여 그리스도를 더욱 사랑하게 되기를 바란다.

여호와는 나의 목자시니

    내게 부족함이 없으리로다

        그가 나를 푸른 풀밭에 누이시며

        쉴 만한 물 가로 인도하시는도다

    내 영혼을 소생시키고

자기 이름을 위하여

    의의 길로 인도하시는도다

시편 23:1-3

1부
양과 목자

찰스 스펄전은 시편 23편을 "시편의 진주"라고 불렀다.[1] 그리고 그 이유는 우리도 잘 알고 있다.

주 예수 그리스도를 알고 사랑하는 이들은, 시편 23편이 지닌 "부드럽고 순결한 광채가 모든 이의 눈을 기쁘게 하고, 경건함과 시적 아름다움이 조화를 이루며, 그 달콤함과 영적 깊이가 다른 어떤 것과도 비교할 수 없을 정도로 뛰어나다"는 사실을 잘 안다.[2] 시편 23편은 다양한 성경 번역본뿐 아니라 수많은 찬송가와 노래를 통해 전 세계 그리스도인들의 의식에 깊이 새겨져 있다.

아타나시우스는 이렇게 말했다. "성경 대부분은 **우리에게** 말씀하지만, 시편은 **우리를** 대신해 말한다."[3] 시편이 하나님을 향한 마음을 담은 언어로서 소중하다면, 시편 23편은 그

중에서도 진주라 할 만하다. 이 시편은 하나님의 존재와 하나님의 행하심을 아름답게 묘사하며, 그 둘이 하나로 결합되어 있음을 당연한 전제로 삼는다. 그리고 이 놀라운 조화가 모든 신자의 개인적인 경험임을 확신 있게 선언한다. "여호와는 **나의** 목자시니"(1절).

이 책의 1부에서는 시편 23편의 첫 세 구절을 살펴보고자 한다. 우리는 우리의 목자 되신 주님에 대해 다음의 세 가지 아름다운 진리를 발견하게 될 것이다.

- 그분은 누구이신가
- 그분은 우리에게 무엇을 공급하시는가
- 그분은 우리를 어디로 인도하시는가

이름 없는 나를
아시는 이가

많은 독자와 주석가, 설교자들은 시편 23편의 주요 이미지, 즉 양과 목자, 푸른 초장과 쉴 만한 물가, 사망의 음침한 골짜기가 지닌 시적 울림에 성급하게 몰입한 나머지, 이 시편의 첫 구절이 지닌 놀라운 아름다움을 충분히 음미하지 못한다.

시편 23편 1절은 단 네 개의 히브리어 단어로 이루어져 있다. 영어로는 "The LORD is my shepherd; I shall not want(여호와는 나의 목자시니 내게 부족함이 없으리로다)"로 번역된다. 우리는 자연스럽게 하나님께서 우리를 어떻게 목자처럼 돌보시는지에 대해 시선과 영적 감각을 집중하도록 길들여져 있다. 그러나 그 목자의 자리를 누가 감당하고 계신지를 묻는 일은 결코 사소하지 않다. 그분은 바로 "여호와(The Lord)"이시다. 시편 23편에 나오는 수많은 아름다운 단어들 가운데, 다윗이 처음 두 단어를 통해 선포한 이 진리는 가장 놀랍고도 경이로움을 불러일으키는 고백이다.

목자가 있다는 것은 좋은 일이다. 그리고 사실 우리 모두에게는 어떤 형태로든 '목자'가 있다. "우리는 환경, 경험, 사상, 그리고 사람들에 의해 이끌리며 살아가는 존재다. 때로는 그 흐름을 거스르려 하지만, 결국은 묘하게 그 영향을 받는다."[1] 결국 우리는 늘 누군가 혹은 무엇인가를 따르고 있으며, 자신의 힘이 아닌 어떤 외부의 존재에 기대어 보호를 받고, 안전을 찾으며, 두려움 없는 삶을 살아가려고 한다.

하지만 우리의 목자가 "여호와"라는 사실을 들으면 반드시 멈춰 서서 깊이 생각해보아야 한다. 필립 켈러는 "우리는 종종 하나님을 너무 작게, 또는 너무 제한적으로, 너무 편협하게, 너무 인간적으로 생각한다"고 말한다.[2] 만약 1절에서 '목자의 이름'이 갖는 의미를 가볍게 생각하고 넘어간다면, 우리는 이 구절에서 가장 아름다운 두 가지를 놓치는 것이다.

그것은 첫째, 하나님께서 **목자** 되신다는 영광스럽고 놀라운 사실이 희미해지는 것이고, 둘째, 그분이 **나의 목자**시라는 고백의 감격을 충분히 누리지 못하는 것이다.

여기서 "LORD(주)"가 대문자로 표기된 것을 눈치챘을 것이다. 이는 다윗왕이 하나님을 '개인적인 이름'으로 부르고 있다는 뜻이다. 히브리어 원문에서 이 이름은 네 개의 문자(YHWH)로 이루어져 있으며, 영어로는 흔히 "*Yahweh*(야훼)"라고 표기한다. 이것은 하나님의 언약의 이름으로, 하나님께서 출애굽기 3장에서 모세를 떨기나무 불꽃 가운데 만나신 후 직접 주신 이름이다. 모세가 그곳에서 본 것은 하나님이 하나님 되심을 시각적으로 보여주는 첫 번째 예표였다.

두 번째 예표는 출애굽 사건 그 자체이며, 이는 하나님의 이름이 지닌 의미를 한층 더 깊고 풍성하게 드러낸다. 그때 모세는 하나님께 이스라엘 백성이 "그의 이름이 무엇이냐"라고 묻는다면 어떻게 대답해야 할지 여쭈었다(출 3:13). 이에 하나님께서는 다음과 같이 말씀하셨다. "나는 스스로 있는 자(I am who I am)이니라." 그리고 덧붙여 말씀하셨다. "이스라엘 자손에게 이같이 이르기를 스스로 있는 자(I AM)가 나를 너희에게 보내셨다 하라"(출 3:14).

이처럼 독특한 방식으로 나타나신 하나님의 모습, 곧 불타지만 사라지지 않는 떨기나무의 형상과 "나는 스스로 있는 자"라는 말씀은 몇 가지 중요한 의미를 담고 있다. 많은 주석가들이 언급했듯이 이는 하나님이 지극히 신비로운 분이심을 보여준다. "하나님은 우리에게 자신의 이름을 주심으로써 누구이신지를 드러내신다. 그러나 그 이름은 너무도 어렵고 신비로워서, 우리가 하나님을 결코 완전히 이해할 수 없음을 인정할 수밖에 없다."[3]

이제 우리는 친근하게 다가오는 '목자 하나님'의 이미지에 중요한 사실 하나를 덧붙여야 한다. 나의 목자가 되시는 분은, 내가 결코 완전히 이해할 수 없는 신비로운 분이시다. 출애굽기 3장의 말씀과 이미지를 관련지어 생각하면 그 의미가 더 확실해진다. 학자들 사이에서는 "나는 나다(I am who I am)"를 "나는 내가 될 자이다(I am who I will be)"로 번역할 것인지, 아니면 "나는 내가 될 자로 있다(I will be who I will be)"로 번역해야 할 것인지를 놓고 논쟁을 벌이고 있다.

그러나 분명한 것은, 이 히브리어 동사의 독특한 표현이 '스스로 존재하며 변하지 않는 분'을 가리킨다는 점이다.[4]

하나님은 모세에게 '하나님이 하나님 되신다는 것은, 우리가 아는 어떤 존재와는 완전히 다른 존재가 되는 것이다'라고 말씀하신다. 그분은 우리 없이도 스스로 존재하시는 분이다. 우리보다 앞서 영원히 계셨고, 우리가 사라진 후에도 영원히 계실 것이다. 그리고 우리 삶의 상황과 상관없이 그분은 언제나 그분 자신이시다.

내가 '나'로 존재하게 되었을 때, 내 생명은 부모에게서 온 것이고, 자연 세계의 자원에 의존해 유지된다. 나는 결코 "나는 그저 존재한다(I just am)"라고 말할 수 없고, "나는 앞으로도 존재할 것이다(I just will be)"라고 확언할 수 없다. 왜냐하면 인간 존재의 본질은 의존적인 피조물이기 때문이다.

하지만 하나님께서 모세에게 자신의 이름, "여호와"를 밝히시는 순간, 그 이름은 곧 "우리에게 적용되는 그 어떤 것도 하나님께는 해당하지 않는다"는 의미를 갖는다. 하나님은 스스로 존재하시는 분이다. 그분의 존재는 그분 **자신에게서** 비롯되며, 그분은 **자신을 위해** 존재하신다. 그리고 그분은 어떤 면에서도, 누구에게도 의존하지 않으신다. 하나님은 완전한 자존(自存)이시며, 절대적으로 충족된 존재(Self-Sufficient Self-Existence)이시다. 그리고 바로 그분이 우리의 목자이시다.

어쩌면 불타는 떨기나무의 이미지야말로 이 모든 의미를 가장 확실하게 새겨주는 상징일지도 모른다. 불은 하나님의 거룩하심을 나타내며, 모세가 그 불꽃 앞에서 마주한 것도 바로 이 거룩함이었다. 하나님께서는 말씀하셨다. "이리로 가까이 오지 말라 네가 선 곳은 거룩한 땅이니 네 발에서 신을 벗으라"(출 3:5). 우리가 "여호와"를 나의 목자라 부르는 그 고백 안에 이 거룩함의 의미가 담겨 있다. 그리고 시편 23편 3절을 살펴보면, 왜 하나님의 거룩하심이 그토록 중요한 요소인지 더욱 분명히 알게 된다.

떨기나무가 불에 타고 있음에도 사라지지 않는다는 사실의 핵심은, 앞서 살펴본 하나님의 자존적 본성을 드러내는 데 있다. 싱클레어 퍼거슨의 설명처럼, "떨기나무 속에서 타오르던 불꽃은 그 에너지를 나무에서 가져오지 않았다. 그것은 가장 순수한 불꽃이었으며, 그 자체로 불꽃일 뿐 다른 어떤 에너지원과 결합된 것이 아니라, 스스로 에너지를 내는 불이었다."[5]

하나님은 모세에게 시각적 방식으로 강렬하게 말씀하셨다. 하나님은 스스로 존재하시며, 그분 자신 안에 생명과 영광과 선하심과 복됨을 충만히 지니신 분이다. 그분만이 스스로 충만하시며 그분이 창조하신 그 어떤 피조물에도 의존하지 않으신다.[6]

내가 우리 교회 성도들에게 자주 하는 말이 있다. "제가 교회에 줄 수 있는 가장 큰 선물은 하나님을 더욱 선명하게 보여주는 것이며, 여러분이 인생에서 누릴 수 있는 가장 위대한 복은 하나님을 더 많이 소유하는 것입니다." 우리는 언제나 실용적인 신앙을 원한다. 이를 테면 좋은 습관, 일상의 영적 훈련, 삶을 개선하는 방법들 말이다. 이런 것들이 참된 복음의 은혜로 충만하다면, 그 자체로 소중하다. 그러나 그 모든 것의 근원은 하나님이시다.

지금 이 글을 읽고 있는 당신이 누구든지, 어떤 상황 속에 있든지, 당신의 목자가 바로 떨기나무 가운데 나타나셨고, 모세에게 자신의 이름을 계시하신 그 주님이시라는 사실보다 더 위대한 진리는 없다.

이 주제는 너무나 중요한 의미를 담고 있기에, 시간을 들여 곱씹어볼 가치가 있다. 알렉산더 맥라렌(Alexander

Maclaren)의 다음 말을 생각해보라.

> 타오르지만 사라지지 않는 불꽃, 즉 스스로를 소멸시키지 않고, 파괴로 향하지 않는 불꽃은 한 분이신 존재를 상징한다. 그분은 스스로 존재의 법칙과 근원을 지니신 분이며, 오직 그분만이 이렇게 말씀하실 수 있다. "나는 스스로 있는 자이다(I am that I am)." 이것이 곧 그분 존재의 본질이요, 토대이며, 그분이 존재하시기 위한 모든 조건은 오직 그분 자신의 본성에만 있다.
>
> 우리는 "나는 태어났다", "환경이 나를 이렇게 만들었다"라고 말해야 한다. 그러나 그분은 "나는 스스로 있는 자이다(I am that I am)"라고 말씀하신다. 모든 피조물은 하나의 고리이며, 그분은 그 모든 고리의 중심이시다. 모든 존재는 어디선가 비롯되었고, 따라서 제한적이며 변한다. 그러나 하나님은 스스로 존재하시며, 절대적이고, 자존하시며, 영원히 변하지 않으신다.
>
> 우리는 살아 있기 때문에 언젠가는 죽는다. 삶의 과정은 결국 죽음을 향한 여정이다. 하지만 하나님은 영원히 사시는 분이며, 꺼지지 않는 불꽃이시다. 그러므로 그분의 자

원은 무한하며, 그분의 능력은 결코 쇠하지 않는다. 그분은 소진된 에너지를 회복하기 위한 쉼이 필요하지 않으시며, 나누어준다고 해서 그분의 풍성함이 줄어들지도 않는다. 그분은 베푸시되 가난해지지 않으시고, 일하시되 지치지 않으신다. 끊임없이 일하시며, 영원토록 사랑하신다. 세월이 흘러도 그 불꽃은 꺼지지 않고, 사라지지 않는다.[7]

이렇게 다소 긴 서론을 통해 우리가 깨닫게 되는 핵심을 짚어보자. 우리가 진정으로 필요로 하는 목자는, 우리를 돌보시되 결코 우리에게 의존하지 않으시는 분이다. 그분은 목자이시지만 누구의 돌봄도 필요로 하지 않으신다. 오히려 스스로 영원히 줄어들지 않는 충만함으로 우리를 인도하시며, 아무리 우리를 돌보셔도 그 충만함은 결코 부족해지지 않는다.

시편 23편을 보면, 다윗이 얼마나 갈급한 존재인지 명확히 드러난다. 여호와께서 그의 목자시라면, 다윗 자신은 양과 같은 존재일 수밖에 없다. 양이 양식과 쉼, 물과 인도하심, 보호와 위로, 거처와 도움을 필요로 하듯이, 다윗 역시 그 모든 것이 필요하다. 무엇이든 떠올려보라. 다윗은 그것이 필요하다.

시편 23편이 우리에게 던지는 결정적인 질문은 이것이다. 이 모든 필요를 다윗에게 공급하시는 분은 누구인가? 바로 아무것도, 누구도 필요로 하지 않는 하나님이시다. 그분은 자신의 백성에게 이렇게 말씀하신다. "나는 스스로 있는 자다. 너희가 존재하기 전부터 나는 있었고, 너희가 더 이상 존재하지 않아도 나는 여전히 있을 것이다. 나는 처음이요 마지막이며, 시간이 시작되기 전부터 존재해온 하나님이다."

그래서 다윗은 조용히 다가와 든든한 목자의 지팡이로 우리의 어깨를 감싸며 속삭이듯 이렇게 말한다. 하늘의 하나님께서 우리의 모든 필요를 채우실 수 있는 이유는, 그분에게 아무런 부족함도 없기 때문이라고. 시편 23편 1절에 "내게 부족함이 없으리로다"라는 고백이 뒤따르는 이유가 바로 여기에 있다. 나는 아무리 최선을 다하고 아무리 간절히 바란다 해도, 내 자녀들이 평생 "나는 부족함이 없다"고 말할 수 있을 만큼 완전한 아버지가 될 수 없다. 나는 아이들을 사랑하고, 늘 아이들을 위해 기도하며, 아이들이 언제나 가장 좋은 길로 인도되기를 바라지만, 동시에 나는 모든 면에서 제한된 자원을 가진 존재이다. 내 자녀를 향한 사랑은 크지만, 그들의 모든 필요를 온전히 채워줄 수는 없다.

그러나 하나님은 다르시다. 그분이 우리를 돌보시는 데는 한계가 없다. 목자가 있다는 사실만으로도 감사한 일이지만, 우리가 목자로 모시는 분이 바로 '힘 그 자체'이신 분, 결코 지치지 않고, 졸지도 않으시며, 스스로 보호받을 필요조차 없는 분이라는 사실은 실로 놀라운 일이다. 마치 존 메이슨(John Mason)의 아름다운 찬송가 가사처럼 말이다.

> 주여, 주는 얼마나 위대하신 존재이신가
> 모든 존재를 붙드시는 분이시여!
> 주님의 지식만이
> 그 심연을 헤아릴 수 있나이다.
> 주는 해안이 없는 바다요,
> 공전할 필요 없는 태양이시며,
> 주의 시간은 지금도, 영원토록 존재하며,
> 주의 계신 곳은 모든 곳이로소이다.[8]

바로 여기서 우리는 이처럼 완전하고 자존하시는 하나님,

곧 여호와께서 '목자'로 묘사된다는 사실에 경이로움을 느끼게 된다. 잠시 생각해보자. 완전하며 절대적으로 자존하시는 신을 떠올릴 때 어떤 이미지가 먼저 그려지는가? 대부분의 경우, 이런 하나님의 속성은 자연스럽게 위엄과 권능, 통치와 전능함의 이미지로 이어질 것이다.

실제로 케네스 베일리(Kenneth Bailey)가 그의 뛰어난 저서 *The Good Shepherd*(선한 목자)에서 보여주듯, 시편 전체에서 하나님에 대한 은유는 주로 **방패, 높은 망대, 요새, 높은 곳, 피난처, 반석, 산성, 구원의 뿔** 등 강력하고 견고한 이미지로 표현된다.[9]

그러나 동시에 베일리는 시편에서 하나님을 묘사하는 또 다른 세 가지 은유, 즉 **목자**(시 23편), **어머니**(시 131편), **아버지**(시 103편)가 사용된다고 지적한다. 그리고 예수께서 연약하고 길 잃은 자기 백성을 향한 하나님의 모습을 보여주실 때, **선한 목자**와 **선한 여인, 선한 아버지**를 비유로 드신 것은 결코 우연이 아니라고 말한다(눅 15:1-31).[10]

요한복음에서 예수님은 "나는 선한 목자라"(요 10:11)라고 선언하신다. 이 친숙하고 사랑받는 표현은 시편의 '목자이신 하나님'에 대한 고백이 예수님 안에서 온전히 성취된다는 사실을 분명하게 보여준다.

그러나 동시에 우리는 예수님께서 그보다 앞선 장에서 하신 또 하나의 놀라운 선언을 기억해야 한다. "예수께서 이르시되 진실로 진실로 너희에게 이르노니 아브라함이 나기 전부터 내가 있느니라"(요 8:58). 이 말씀에는 실로 놀라운 의미가 담겨 있다. 예수님은 하나님께서 모세에게 계시하신 하나님의 이름을 바로 자신에게 적용하셨다. 이는 곧 예수님께서 여호와 하나님 그분 자신이심을 분명히 밝히신 것이다.

우리의 선한 목자이신 예수님은 단순히 훌륭한 지도자에 그치지 않으신다. 그분은 완전한 자존과 충만함을 지닌 하나님이시며, 바로 그렇기 때문에 우리에게 완전한 목자가 되실 수 있다.

나는 여러분이 "여호와는 나의 목자시니"라는 이 단순한 구절에서 새로운 차원의 아름다움을 발견하게 되기를 바란다. 이 말씀은 우리 곁에 계신 분이 비교할 수 없는 힘과 말로 다 할 수 없는 능력을 지닌 하나님이시며, 그분께서 몸을 낮추어 친히 우리를 돌보고 계심을 보여주는 그림이다.

케네스 베일리의 말처럼, 이 시편은 "어떠한 도움도 기대할 수 없는 수많은 위험 속에서 하나님만이 참된 안전의 근

원이심을 깊이 신뢰하는 고백"이다.[11]

자존하시는 하나님은 결코 자기중심적인 하나님이 아니다. 스스로 존재하시는 하나님은 자신만을 위해 계시는 분이 아니다. 오히려 놀랍게도, 그토록 강하신 하나님께서 가장 연약한 자들을 위해 지극히 다정하고 섬세한 돌봄의 모습으로 자신을 드러내신다. 이는 무한하신 하나님의 충만함이 유한한 피조물을 위해 아낌없이 흘러나온다는 뜻이다. 그분은 우리의 목자이시다. 마르틴 루터는 이와 관련하여 다음과 같이 말했다.

> 다른 이름들은 너무도 영광스럽고 위엄이 넘쳐서 들을 때마다 경외감과 두려움을 불러일으킨다. 성경에서 하나님을 '주(Lord)', '왕(King)', '창조주(Creator)'라고 부를 때가 그렇다. 그러나 '목자(Shepherd)'라는 다정한 단어는 다르다. 이 단어를 읽거나 들을 때, 경건한 이들은 마치 '아버지(Father)'라는 말을 들을 때처럼 신뢰와 위로, 안전함을 느끼게 된다.[12]

그뿐만 아니라, 그분은 **나의** 목자이시다. 사실, 이것 또한 모세에게 계시된 하나님의 이름이 담고 있는 의미의 일부이다. 신학자들이 말하듯, 이 하나님의 이름은 하나님의 **언약적 주권**을 계시한다.[13]

모세가 하나님께 "내가 누구이기에 바로에게 가며 이스라엘 자손을 애굽에서 인도하여 내리이까"(출 3:11) 하고 여쭙자, 하나님은 "나는 스스로 있는 자이니라 또 이르시되 너는 이스라엘 자손에게 이같이 이르기를 스스로 있는 자가 나를 너희에게 보내셨다 하라"(출 3:14)라고 말씀하신다. 모세의 자질이나 능력을 강조하며 자신감을 불어넣어주시는 대신, 자신이 누구인지를 계시하신 것이다.

"내가 반드시 너와 함께 있으리라 네가 그 백성을 애굽에서 인도하여 낸 후에 너희가 이 산에서 하나님을 섬기리니 이것이 내가 너를 보낸 증거니라"(출 3:12)라는 말씀에서는 하나님의 이름에 그분이 주권적 통치자이며 언약 관계에 신실하신 분임이 드러난다. 하나님이 누구이신가는 곧 하나님께서 무엇을 하시는가와 연결된다.

이어서 하나님은 모세에게 이렇게 말씀하신다. "이스라엘 자손에게 이같이 이르기를 너희 조상의 하나님 여호와 곧 아브라함의 하나님, 이삭의 하나님, 야곱의 하나님께서 나를 너희에게 보내셨다 하라"(출 3:15). 모세는 지금 하나님께서 그의 조상들을 주관해오셨음을 배우고 있다. 하나님께서는 모세에게 자신이 단지 조상들의 하나님일 뿐만 아니라, 그들보다 훨씬 이전부터 존재해오신 분임을 선언하신다. 이는 곧 "하나님의 절대적 지존과 주권이 그분의 신실하심을 뒷받침하고 보증한다는 뜻이다. 그러므로 우리는 역사를 통해 하나님께서 언제나 자신의 백성과 함께하시는 신실한 분이라는 사실을 믿고 신뢰할 수 있다."[14]

모세는 하나님이 주권적인 통치자인 동시에 언약에 신실하신 분임을 배우고 있다. 한 청교도는 그 사실을 이렇게 요약했다. "내가 그들에게 어떤 하나님이었든, 너에게도 동일한 하나님이 될 것이다."[15]

우리가 주 예수 그리스도를 통해 맺는 하나님과의 관계는 그 어떤 것보다 깊고 견고한 토대 위에 세워져 있다. 우리는 오늘날 하나님께서 그분의 백성과 함께하시며 그들의 하나님이 되겠다고 약속하신 언약의 흐름에 속해 있으며, 세계 역사라는 거대한 이야기 안에 자리하고 있다. 따라서 하나님과의 관계는 단순히 개인적이거나 개별적인 차원에 머무르지 않는다. 그렇다고 해서 이것이 개인적인 관계보다 덜 중요한 것은 아니다. 오히려 훨씬 더 깊고 넓은 의미를 담고 있다.

예수님이 우리의 목자이시라는 사실만으로도 놀랍지만, 그분이 '나의' 목자가 되신다는 사실은 한층 더 깊은 감동을 준다. 이는 그분께서 나를 개인적으로 초대하셨고, 나보다 먼저 계셨으며, 나보다 훨씬 더 오래 지속될 언약의 관계 안으로 친히 나를 이끄셨기 때문이다. 이 언약 관계의 크기와 깊이는, 하나님께서 나의 하나님이심을 확신할 수 있는 굳건한 근거가 된다. 왜냐하면 그분의 이름 자체가 '자기 백성에게 신실하신 하나님'이라는 의미를 담고 있기 때문이다.

시편 23편이 단순한 위로의 시가 아니라, 하나님과의 인격적인 관계를 담고 있다는 점은 매우 중요하다. 목사로서 내가 경험하는 일 가운데 가장 힘들고 안타까운 순간 중 하나는 목자이신 하나님을 알지 못하는 이들의 장례를 집례할 때이다. 특히 유족들이 '목자의 시편'을 낭독하길 원할 때 더욱 그렇다. 그들이 가장 자주 떠올리는 구절은 주로 4절이다.

내가 사망의 음침한 골짜기로 다닐지라도 해를 두려워하

지 않을 것은 주께서 나와 함께 하심이라 주의 지팡이와
막대기가 나를 안위하시나이다

시편 23편은 흔히 '장례식을 위한 시편'으로 여겨지지만, 사실 이 시는 삶에 관한 시편이다. 전체 여섯 절 가운데 죽음을 직접 언급하는 구절은 단 한 절뿐이다. 시편 23편의 이미지는 양식과 물, 쉼과 안전으로 가득 차 있으며, 그 여정의 끝은 잔치 자리로 이어진다. 그 잔치에서 시인은 머리에 향유를 붓고, 손에는 포도주 잔을 들고 있으며, 넘쳐흐르는 축복 속에서 "그만, 멈추세요, 넘칩니다!"라고 외치고 싶을 만큼의 충만함을 누린다.

시편 23편은 풍성한 삶을 노래하는 시편이다. 죽음의 슬픔보다 삶의 기쁨을 강조하며, 그 기쁨의 중심에는 "여호와께서 **나의** 목자이시다"라는 확신이 자리하고 있다. 바로 이 관계 안에서, 우리는 진정한 기쁨과 만족을 누릴 수 있다.

스코틀랜드 하이랜드에서 전해 내려오는 유명한 이야기가 있다. 옛날에 어린 양치기 소년이 있었다. 그는 부모를 일찍 여의고 양치기 일을 하던 할아버지의 보살핌 아래에서 자랐다. 소년도 할아버지를 따라 자연스럽게 양치기가 되

었지만, 교육을 받지 못해 글을 읽을 줄 몰랐다. 할아버지는 시편 23편의 첫 다섯 단어를 소년에게 가르쳐주기 위해 그의 왼손을 잡고, 손가락을 하나씩 가리키며 말했다. "The—Lord—is—my—shepherd(여호와는—나의—목자시니)." 얼마 지나지 않아 소년은 스스로 손가락을 하나씩 짚어가며 이 말씀을 외울 수 있게 되었다.

어느 날, 소년이 양을 돌보러 들판에 나가 있던 중 갑작스럽게 눈보라가 몰아쳐 산을 뒤덮었다. 소년과 양들은 끝내 집으로 돌아오지 못했다. 할아버지는 애타는 마음으로 소년을 찾으러 나섰지만, 거센 바람과 눈발로 앞이 보이지 않았고, 길을 잃을 위험이 너무 컸다. 그는 결국 집으로 돌아와, 밤새 의자에 앉아 불안과 슬픔 속에서 긴 시간을 보냈다.

다음 날, 눈보라가 잦아들자마자 할아버지는 다시 산으로 올라가 수색을 시작했고, 마침내 눈 속에서 얼어붙은 손자를 발견했다. 가슴이 무너지는 순간이었다. 그러나 소년을 들어올리려 몸을 굽혔을 때, 그의 손이 이상하게 쥐어져 있는 것을 보게 되었다. 소년의 오른손이 왼손의 네 번째 손가락을 단단히 붙잡고 있었던 것이다. "The Lord is 'my' shepherd(여호와는 '나의' 목자시니)."[16]

가장 어두운 순간, 가장 가까이에

우리 교회 성도들은 일상에서 많은 질문을 주고받는다.

"백신 접종은 하셨나요?"

"요즘 연애 중이세요?"

"직장은 안정적인가요?"

하지만 목회자의 질문은 다르다. 목회자로서 나의 사명은 언제나 사람들에게 그들이 목자와 어떤 관계에 있는지를 묻는 것이다.

"당신은 지금 하나님의 양으로서 어떤 상태인가요?"

"당신은 목자를 아는 양입니까?"

만약 당신이 그분을 **당신의** 목자라고 고백할 수 있다면, 이 말을 꼭 하고 싶다. 바로 그 사실 하나만으로도, 당신은 이미 삶에 필요한 모든 것을 가진 사람이다.

나를 풀밭에 누이시고
물가로 이끄시네

우리 교회에서는 매년 첫 번째 주일에 하이델베르크 요리문답 1번과 2번을 묻고 답한다.

제1주

1. 삶과 죽음 앞에서 당신의 유일한 위로는 무엇입니까?

살아서나 죽어서나 나는 나의 것이 아니요, 몸도 영혼도

가장 어두운 순간, 가장 가까이에

나의 신실한 구주 예수 그리스도의 것입니다. 그리스도께서는 그의 보혈로 나의 모든 죗값을 완전히 치르시고 나를 마귀의 모든 권세에서 해방하셨습니다. 또한 하늘에 계신 나의 아버지의 뜻이 아니면 머리털 하나도 땅에 떨어지지 않도록 나를 보호하시며, 참으로 모든 것이 합력하여 나의 구원을 이루도록 하십니다. 성령의 능력으로 나에게 영생의 확신을 주시고, 이제부터는 마음을 다하여 즐거이, 그리고 신속히 그를 위해 살도록 하십니다.

2. 이러한 위로 가운데 복된 인생으로 살고 죽기 위해서 당신은 무엇을 알아야 합니까?

세 가지를 알아야 합니다. 첫째로는 나의 죄와 비참함이 얼마나 큰가를 알아야 하며, 둘째로는 내가 모든 죄와 비참함으로부터 어떻게 구원을 받았는가를 알아야 하며, 셋째로는 그러한 구원을 주신 하나님께 어떻게 감사를 드려야 하는가를 알아야 합니다.

시편 23편과 마찬가지로, 이 고귀한 요리문답 또한 오랜 세대에 걸쳐 하나님의 백성에게 큰 위로를 주어왔다. 그러나 이 말들은 단순히 감동적인 표현에 그치지 않는다. 그것은 진실된 신앙의 고백이며, 우리가 하나님을 신뢰한다는 사실을 드러내고, 그분을 안다는 것이 무엇을 의미하는지를 아름답게 담아낸 선언이다.

요리문답은 하나님의 완전한 돌보심에 대한 신뢰의 선언으로 시작된다. 그것은 곧 우리의 몸과 영혼, 삶과 죽음, 육체적 필요와 영적 필요, 다시 말해 삶의 모든 영역이 하나님의 지혜롭고 선하신 손안에 있다는 고백이다.

시편 23편은 하이델베르크 요리문답이 기록되기 훨씬 이전에 존재했던 히브리어 버전의 요리문답과도 같다. 만약 "여호와는 나의 목자시니"라는 고백이 다윗의 개인적인 간증이라면, 그는 그 관계의 의미를 다음의 세 가지 위대한 신앙 고백으로 풀어내고 있는 것이다.

- "내게 부족함이 없으리로다"(1절)—주님이 나의 목자이시기에
- "내가 해를 두려워하지 않을 것은"(4절)—주님이 나의 동반자이시기에

가장 어두운 순간, 가장 가까이에

- "내가 여호와의 집에 영원히 살리로다"(6절) ― 주님이 나에게 잔치를 베푸시는 주인이시기에

  시편 23편은 하나님께 대한 절대적인 신뢰와 그분의 완전한 돌보심에 대한 깊은 확신을 담고 있다. 다윗이 "내게 부족함이 없으리로다"라고 고백한 것은 실로 놀라운 일이다. 그런데 정말 그런가? 나는 과연 부족함이 없다고 자신 있게 말할 수 있는가? 정말로 그렇게 믿고, 그렇게 확신할 수 있는가? 나는 늘 무언가를 원한다. 당신도 그렇지 않은가? 욕구는 우리 삶의 모든 자리에서 모습을 드러낸다. 우리 마음속에는 언제나 크고 작은 갈망이 가득하다. 어떤 이는 더 나은 건강을, 더 좋은 성적을, 더 안정된 직장이나 더 높은 연봉을, 더 깊고 진실한 관계를 원한다. 또 어떤 이는 평온과 고요함을, 여유로운 휴가를, 전쟁의 끝을 간절히 바란다.

  이처럼 갈망은 우리 존재 깊은 곳에서 끊임없이 흘러나오며, 삶을 움직이게 하는 원동력이 되기도 한다.

  그렇다면 다윗이 "내게 부족함이 없으리로다"라고 자신 있게 선언한 이 말을, 우리는 어떻게 이해해야 할까? 이 고

백은 현실을 외면한 신앙적 수사가 아니다. 오히려 우리는 이 말을 매우 현실적이고 정직한 방식으로 받아들여야 한다. "하나님 한 분만으로 충분합니다"라고 고백하면서도 실제 삶에서는 여전히 수많은 것들을 갈망하고 애타게 바라는 우리 자신을 부정해서는 안 된다. 이 고백의 참된 의미를 이해하려면, 그 안에 담긴 여러 겹의 진리를 천천히 살펴볼 필요가 있다.

첫 번째로 주목할 점은, 시편 23편 1절이 히브리어 원문으로는 단 네 단어로 이루어져 있으면서도, 매우 논리적인 흐름과 깊은 신학적 의미를 담고 있다는 것이다. "여호와는 나의 목자시니 내게 부족함이 없으리로다." 이 구절은 단순하면서도 강력하다. 주님이 나의 목자이시기 **때문에**, 나는 아무것도 부족하지 않다. 그분이 내 곁에 계시기에, 나는 이미 모든 것을 가진 것이다. 그분이 나의 것이기에, 나는 내게 진정으로 필요한 모든 것을 이미 소유하고 있는 셈이다.

이것은 삶과 우주, 그리고 그 안에 존재하는 모든 것을 바라보는 철저한 하나님 중심적 관점이다. 시편 23편이 단 여섯 절 안에 이토록 깊고 풍성한 진리를 담고 있다는 사실도 놀랍지만, 더 놀라운 것은 2절부터 6절까지의 모든 내용이 결국 1절을 확장하고 풀어 설명하는 구조로 되어 있다는 점이다.

1절의 단어 선택과 문맥의 흐름을 주의 깊게 살펴보는 과정에서, 영어 번역이 다소 오해를 불러일으킬 수 있다는 점을 인식할 필요가 있다. 비록 ESV 성경의 각주에서는 이 부분을 번역상의 문제로 지적하지 않았지만, 'want'라는 단어는 사실 'lack(결핍)'으로 번역하는 것이 더 정확한 의미에 가깝다. 오늘날 우리가 사용하는 'want'는 일반적으로 '무언가를 원하다'라는 뜻으로 해석된다. 그러나 이 표현은 킹 제임스(KJV) 성경에서 유래한 것으로, 당시 영어에서 'want'는 '무언가가 부족하다'는 의미에 더 가까웠다. 이는 "to be found wanting(부족함이 발견되다)"과 같은 표현에서도 볼 수 있다.

유대교 랍비인 해럴드 쿠쉬너(Harold Kushner)는 이 구절을 "I shall lack for nothing(나는 아무것도 부족하지 않으리라)"으로 번역하는 것이 더 적절하다고 주장한다. 그는 이 표현의 의미를 다음과 같이 설명한다. "하나님께서 내게 필요한 모든 것을 공급해주신다. 나의 한 동료가 세련되게 번역한 표현을 인용하자면, '여호와는 나의 목자시니, 내가 무엇을 더 필요로 하겠는가.' 내가 그 이상을 원하는가의 문제는 이 시편의 요점이 아니다. 시편 23편 1절은 인간의 끝없는 욕망에 대한 논평이 아니라, 하나님의 돌보심이 우리의 필요를 충분히 채우신다는 확신을 선포하는 구절이다."[1]

다시 말해, 리처드 브릭스(Richard Briggs)의 말처럼, "시편 23편 1절은 내가 무엇을 필요로 하는지를 여호와께 맡기는 것을 의미한다. 즉, 하나님께서 내 필요를 채워주시는 과정에서 나에게 정말로 필요한 것을 결정하시는 분은 하나님이시며, 우리는 이 사실을 인정하고 받아들인다."[2]

이 시편은 마치 하나님의 손에 들린 도구와 같다. 비유하자면 목자의 지팡이처럼 우리의 잘못된 욕구를 다시 조율하고 바른 방향으로 이끌어준다. 케네스 베일리는, 우리가 '원하는 것'에 대한 개념 자체가 자본주의 사회에서 왜곡될 수 있다고 지적하면서 그 점을 이렇게 설명한다. "현대 경제 시스템은 가능한 한 많은 욕구를 만들어내고 그것을 충족시키는 방식으로 작동한다. 결국 목표는 하나다. 욕구를 만들어 내고, 그것을 '필요'처럼 느끼게 만드는 것이다."[3]

시편 23편은 물질주의라는 거대한 사막 한가운데서 만나는 오아시스와 같다. 그래서 우리로 하여금 잠시 멈추어 쉬게 하며, 하나님이 어떤 분이신지를 새롭게 묵상하도록 초대한다. 그분의 존재 자체가 지닌 단순하면서도 충만한 풍요로움, 그리고 끝이 없는 언약의 사랑 속에서 우리는 진정한 만족을 발견할 수 있다. 다윗은 마치 훗날 사도 바울이 고린도후서에서 표현한 "아무 것도 없는 자 같으나 모든 것을 가진 자로다"(고후 6:10)라는 진리를 이미 다 알고 있었던 것처럼 보인다.

이제 시편 23편 2-3절에 담긴 그림 속으로 들어가, 그 풍성함을 함께 누리고자 한다. 분석에 앞서, 먼저 이 시의 언어가 주는 감각을 느껴야 한다. 이 구절의 단어들은 고대 중동의 목축 문화에서 비롯된 것이지만, 시대와 문화를 초월해 오늘날까지도 쉼과 회복의 이미지로 사람들의 마음에 다가온다. 한 번 떠올려보라. 목자는 양에게 먹을 것(푸른 초장)을 주고, 마실 것이 있는 곳(잔잔한 물가)으로 인도한다. 그리고 양이 그곳에 눕도록 이끈다.

이것은 단지 잠시 머무는 수준이 아니다. 그 자리에 머물 수 있다는 것은, 그곳에서 충분한 공급이 이루어지고 있다는 뜻이다. 양은 더 나은 것을 찾아 이리저리 떠돌아다닐 필요가 없다. 목자가 인도한 바로 그 자리(푸른 초장과 잔잔한 물가)에서 모든 필요가 충족된다. 바로 그 자리에서 다윗은 이렇게 고백한다. "그가 내 영혼을 소생시키시고"(3절).

많은 주석가들이 지적하듯, 양을 눕게 만드는 것은 결코 쉬운 일이 아니다. 양은 활동적이고, 끊임없이 움직이며, 바쁘게 돌아다니는 동물로 알려져 있다. 그러나 양은 목자가 가까이 있다는 사실을 알고 있기 때문에 안심하고 누울 수 있다. 모든 것을 돌보아주시는 분이 곁에 계시기에 염려할 이유가 없는 것이다. 2-3절을 살펴보면, 하나님께서 주어가 되는 동사가 네 번 등장한다.

- *그가* 나를 **누이시며**(he makes me)
- *그가* 나를 **인도하시는도다**(he leads me)
- *그가* 내 영혼을 **소생시키시고**(he restores me)
- *그가* 나를 **인도하시는도다**(he leads me)

모든 행동의 주체는 하나님이시다. 하나님께서 일하신다. 그분이 모든 것을 맡아 행하시기에, 우리는 그분 안에서 온전히 쉴 수 있다.

한 번은 최고급 5성급 호텔에 머문 적이 있다. 프런트 데

스크에 무엇이든 요청할 때마다 직원들은 먼저 이렇게 물었다. "고객님의 성함을 여쭤봐도 될까요?" 그들은 단순히 고객을 응대하는 것이 아니라, 내가 원하는 것을 최상의 방식으로 제공하기 위해 나와 개인적인 관계를 형성하려 했다. 그곳에서는 내가 필요로 하는 모든 것이 세심하고 완벽하게 준비되어 있었다. 크든 작든 어떤 요청도 번거롭지 않았고, 무엇이든 즉시 해결되었다. 모든 서비스는 오직 나만을 위한 것처럼 느껴졌다.

목자의 돌보심을 담은 이미지들이 어우러진 아름다운 섬의 모습을 음미해보자. 해럴드 쿠쉬너는 사람들은 왜 휴가지로 산과 바다를 선택하는지, 왜 호숫가에 앉아 몇 시간씩 머무르며 편안함을 느끼는지 묻는다. 그리고 그는 이렇게 답한다.

하나님이 창조하신 세상은 푸른빛과 초록빛으로 물들어 있다. 조용하고 부드러운 색감은 우리의 눈을 편안하게 감싸준다. 하지만 우리는 대부분의 시간을 조명 기구와 냉난방 시스템, 화려한 네온사인, 형형색색의 텔레비전 화면이 가득한 인공적인 환경 속에서 보낸다. 그래서 휴일이 되면 본능적으로 더 평온한 색조를 지닌 하나님의 세계, 곧 그분이 지으신 자연으로 가고 싶은 욕구를 느낀다.[4]

쿠쉬너는 전기의 발명으로 인해 인류가 이제 낮뿐만 아니라 밤까지 지배할 수 있게 되었다고 말한다. 어둠을 몰아내는 능력은 마치 세상을 통제할 수 있다는 감각을 우리에게 심어주었지만, 그는 이렇게 지적한다. "그 과정에서 우리는 자연과 점점 멀어지게 되었다. 우리는 깨어 있는 시간의 대부분을 파란 하늘과 푸른 풀밭이 펼쳐진 하나님의 세계가 아니라, 밝은 인공조명 아래에서 보내고 있다."[5] 아마도 이것이 우리가 시편 23편의 언어에 끌리는 이유 중 하나일 것이다. 이 짧은 구절 안에는 단순히 쉼을 누릴 수 있는 능력만이 아니라, 지친 세상 속에서 진정 충만하고 지속적인 쉼을 갈망하는 인간의 본능적인 열망이 담겨 있다.

이 모든 논의는 결국 실제적인 적용으로 이어진다. 선한 목자의 손길을 통해 쉼과 회복을 경험한다는 것은 구체적으로 무엇을 의미하는가? 시편 23편의 논리는 분명하다. 여호와는 나의 목자이시기에, 나는 아무것도 부족하지 않다. 그리고 그분이 나를 돌보고 먹이신다. 그분은 푸른 초장과 잔잔한 물가로 나를 인도하시며, 내 영혼을 소생시키신다. 이 이미지는 단순한 시적 표현이 아니라, 예수 그리스도 안에서 우리의 전 존재가 회복되고 새롭게 되는 실제적 경험을 나타낸다. 하나님의 돌보심은 우리의 육체와 영혼, 감정에 이르기까지 삶 전체를 아우른다. 또한 이 이미지는 그분의 돌보심 전체를 그려내는 언어의 그림들이다. 요컨대, 그분의 목자 되심 아래 돌봄을 받는 것이 어떤 **느낌**인지 보여주는 것이다.

하지만 그것이 실제 우리의 일상에서는 어떻게 나타날까? 리처드 브릭스의 말처럼, "이 시편은 '나는 일과를 마치고 멋진 카페에 갈 것이다'라는 말로 끝나지 **않는다**. 이 시는 지역 걷기 모임에서 후원한 것이 아니다." 즉, 이 시편은 낭만적인 상상이 아니라, 현실 속에서 경험할 수 있는 하나님의 실제적인 돌보심을 말하고 있다.[6]

여기서 한 걸음 물러서서 시야를 넓혀보자. 시편 23편의 가장 중요한 의미를 온전히 받아들이려면, 먼저 이 시편의 전체적인 흐름과 맥락을 살펴보는 것이 도움이 된다.

많은 기독교와 유대교 주석가들은, 양과 목자의 비유가 단순히 시인 다윗의 시적 상상에서 비롯된 것도, 그의 개인적인 목자 경험에만 근거한 것도 아니라는 점을 강조해왔다. 실제로 다윗 이전에도 아벨과 아브라함, 야곱, 요셉, 모세와 같은 인물들이 목자의 삶을 살았으며, 그들은 모두 하나님을 자신들의 목자로 인식하고 있었다. 이 사실은 시편 77편 19-20절에서도 분명하게 드러난다. 이 구절은 하나님께서 이스라엘 백성을 이집트에서 구원하시던 장면을 묘사하면서 그분의 인도하심을 '양 떼를 인도하시는 목자'의 모습으로 선포한다.

> 주의 길이 바다에 있었고
> 주의 곧은 길이 큰 물에 있었으나
> 주의 발자취를 알 수 없었나이다
> 주의 백성을 양 떼 같이
> 모세와 아론의 손으로
> 인도하셨나이다

여기서 우리는 시편 23편이 단순한 개인적 신앙 고백을 넘어서, 출애굽 사건을 깊이 반추하며 그 의미를 되새기고 있다는 사실에 주목해야 한다.

가장 어두운 순간, 가장 가까이에

피터 크레이기(Peter Craigie)는 시편 23편의 목자와 양의 비유를 "의미가 풍부한 은유(a loaded metaphor)"라고 부른다. 그는 이 은유가 출애굽과 광야에서의 여정을 자연스럽게 떠올리게 하며, 그 시기에 하나님께서 친히 목자처럼 백성을 보호하고 공급하셨던 경험과 연결된다고 설명한다.[7]

처음 시편 23편을 읽었을 때는 이러한 점이 분명하게 다가오지 않았다. 아마 여러분도 비슷할 것이다. 하지만 이어지는 내용을 살펴보면, 그 의미를 훨씬 더 깊이 이해하게 될 것이다.

우선, 다윗이 시편 23편 1절에서 고백한 "내게 부족함이 없으리로다"라는 표현은, 신명기 2장 7절에서도 동일하게 등장한다. "이 사십 년 동안을 너와 함께 하셨으므로 네게 부족함이 없었느니라." 이 말씀은 하나님께서 신실하게 공급하시는 분이라는 개념이, 출애굽 이후 광야에서의 경험과 연결되어 있음을 보여준다.

광야에서 하나님께서 자신의 백성에게 먹을 것과 마실 것을 공급하신 사건은, 이스라엘 공동체의 기억에 깊이 각인된 경험이다. 따라서 시편 23편에서 "푸른 초장"과 "쉴 만한 물 가" 같은 표현이 반복되는 것은 결코 우연이 아니다. 이것은 하나님께서 과거에 목자처럼 자신의 백성을 인도하셨던 그 역사를 의도적으로 상기시키려는 다윗의 신앙 고백이라 할 수 있다. 바로 이것이 피터 크레이기가 말한, "시편 23편 속에 흐르는 출애굽의 함의(undertones of the Exodus)"[8]의 한 예이다.

둘째, 출애굽기 15장 13절에는 이렇게 기록되어 있다.

주의 인자하심으로 주께서 구속하신 백성을 인도하시되 주의 힘으로 그들을 주의 거룩한 처소에 들어가게 하시나이다

여기서 '처소'라는 단어는 히브리어로 '초장(pasture)'을 의미하며, 이는 여호와께서 다윗을 눕게 하시는 푸른 초장과 동일한 어근에서 파생된 표현이다. 또한 '인도하다'라는 동사 역시 시편 23편과 출애굽기 모두에서 공통으로 사용되고 있다. 이러한 언어적 연결은 단순한 우연이 아니라, 시편 23편이 출애굽 사건을 의식하고 있음을 보여준다.

출애굽의 궁극적인 목적은 단지 이집트에서 벗어나는 데 있는 것이 아니었다. 그 여정의 목표는, 하나님께서 그의 백

성을 젖과 꿀이 흐르는 약속의 땅으로 안전하게 인도하시는 것이었다. 그 땅은 모든 필요가 충족되며, 그들이 참된 안식을 누리고 거할 수 있는 곳, 곧 하나님과 함께하는 삶의 완성된 공간이었다. 시편 23편은 그 약속의 여정을 오늘의 언어로 다시 들려주는 믿음의 노래이다.

다윗은 시편 23편에서, 목자 되신 주께서 자신에게 베푸시는 평안과 돌보심을 묘사할 때, 바로 그 출애굽 이야기에서 사용된 언어들을 의도적으로 끌어와 사용하고 있다.

셋째로 ESV 주석에 따르면, 시편 23편 2절에서 "잔잔한 물가"로 번역된 히브리어 표현은 문자적으로 "안식처로서의 물가(waters of resting places)"를 의미한다. 이 안식처(resting place)의 개념은 민수기 10장 33절에서, 언약궤가 시내산을 떠날 때 이스라엘 백성이 도달하고자 했던 목적지와 연결된다. 제임스 해밀턴(James Hamilton)은 이와 관련해, 창세기 2장 15절에서도 같은 히브리어 단어가 사용된다고 지적하며, 이 구절을 "여호와께서 그분의 백성을 에덴동산에서 쉬게 하셨다"라고 번역할 수 있다고 설명한다.[9]

또한 신명기 12장 9절에서도 같은 표현이 등장하는데, 이 역시 하나님께서 그분의 백성에게 주신 약속의 땅, 곧 기업의 땅을 묘사하는 데 사용된다. 해밀턴은 이렇게 말한다. "다윗이 '잔잔한 물가(waters of resting places)'라는 표현을 사용할 때, 그는 여호와께서 자신의 백성을 그분이 약속하신 좋은 땅으로 인도하신 방식을 떠올리게 한다. 하나님께서 그분의 백성에게 주신 그 좋은 땅은, 아담이 에덴에서 쫓겨나며 잃어버린 것을 회복하려는 시도의 일부였다."[10]

마지막으로, 시편 23편 3절의 "자기 이름을 위하여"라는 표현 또한 이 시편이 출애굽기와 연결된다는 것을 보여준다. 성경의 다른 부분에서도 알 수 있듯이, 하나님께서 이스라엘 백성을 이집트에서 인도하신 궁극적인 목적은 자신의 이름을 위한 것이었음이 분명하기 때문이다.

> 그러나 여호와께서는 자기의 이름을 위하여 그들을 구원하셨으니 그의 큰 권능을 만인이 알게 하려 하심이로다(시 106:8)

이사야서에서도 같은 개념이 나타난다.

> 그의 영광의 팔이 모세의 오른손을 이끄시며 그의 이름을

> 영원하게 하려 하사 그들 앞에서 물을 갈라지게 하시고(사 63:12)

이러한 점들을 통해, 시편 23편이 우리가 처음 예상했던 것보다 훨씬 더 풍성한 의미를 담고 있다는 사실을 알 수 있다. 사실 성경은 우리가 주목해야 할 이러한 연결점들을 분명하게 보여준다.

> 애굽에서 모든 장자 곧 함의 장막에 있는 그들의 기력의 처음 것을 치셨으나 그가 자기 백성은 양 같이 인도하여 내시고 광야에서 양 떼 같이 지도하셨도다 그들을 안전히 인도하시니 그들은 두려움이 없었으나 그들의 원수는 바다에 빠졌도다(시 78:51-53)

겉으로는 드러나지 않지만, 다윗은 이스라엘의 목자와 함께하는 자신의 삶을 이스라엘 백성의 삶에서 가져온 언어로 표현하고 있다. 이는 곧, 하나님께서 과거에 그분의 백성에게 행하신 일을 지금 이 순간 다윗에게도 동일하게 행하고 계심을 고백하는 것이다. 그리고 바로 이 지점에서, 우리는 주 예수 그리스도 안에서 드러나는 하나님의 은혜를 가장 풍성하고 가장 명확하며 가장 아름답게 바라볼 수 있게 된다.

알라스테어 로버츠(Alastair Roberts)와 앤드루 윌슨(Andrew Wilson)은 그들의 공저 *Echoes of Exodus*(출애굽의 반향)에서 이렇게 말한다. "다윗이 출애굽을 닮은 노래를 불렀던 것은, 그의 삶 자체가 처음부터 끝까지 출애굽을 닮은 삶이었기 때문이다."[11] 실제로 다윗의 삶은 하나님의 백성을 대표하는 적과의 승리로 시작된다. 그가 골리앗을 상대했던 것은 마치 모세가 바로와 맞섰던 장면을 떠올리게 한다. 또한 그 역시 모세처럼 결국 광야를 떠도는 삶을 살아가게 된다. 광야에서 이스라엘 백성이 하늘의 만나를 받았음에도 모세에게 원망을 쏟아냈듯, 다윗 또한 진설병을 먹으며 자신을 따르는 무리의 불평을 들었고, 한동안은 이방 땅에서 이방 왕의 통치 아래 머물러야 했다.[12]

이는 곧 시편 23편이 단순한 위로의 노래가 아니라, 적대적인 세상에서 주께 구원받고 광야 같은 삶에서 주님의 보호하심을 체험한 다윗 자신의 신앙 고백임을 보여준다. 하나님께서 다윗의 조상인 이스라엘 백성을 돌보신 것처럼,

다윗 또한 그와 동일한 돌보심을 받고 있었다.

그리고 이 고백은 오늘날 우리에게도 그대로 적용된다. 우리가 주 예수 그리스도께 속한 자로 살아간다는 것은, 이 광야 같은 세상을 지나며 출애굽의 여정을 닮은 삶을 사는 것이며, 마침내 새 창조의 약속의 땅에 이르러 하나님과 영원히 거하게 될 것을 보여주는 것이다.

마가복음에서 예수님은 세례 요한이 죽었다는 소식을 들으신 직후, 제자들에게 이렇게 말씀하신다. "한적한 곳에 가서 잠깐 쉬어라"(막 6:31). 여기서 우리는 광야와 안식이라는 주제에 주목할 필요가 있다. 그들이 도착한 그 황량한 곳에서 예수님은 큰 무리와 마주하신다. 성경은 그 장면을 이렇게 설명한다. "예수께서 나오사 큰 무리를 보시고 그 목자 없는 양 같음으로 인하여 불쌍히 여기사"(막 6:34).

이 짧은 장면에는 성경 전체에 흐르는 구속사의 중요한 주제들이 응축되어 있다. 예수님께서 이 무리를 "**푸른 잔디 위에 앉게**"(막 6:39) 하신 것은 결코 우연이 아니다. 이는 시편 23편을 떠올리게 하는 의도적 표현이다.

예수님은 그들을 풍성히 먹이셨고, 남은 음식이 열두 광주리에 찰 만큼 넘치도록 공급하셨다. 이 모든 장면은 예수님께서 친히 시편 23편의 목자 되심을 실현하신 사건이라 해도 과언이 아니다.

그러나 여기서 우리가 주목해야 할 것은, 예수님께서 이 모든 일을 세례 요한이 헤롯의 손에 죽은 직후에 행하셨다는 점이다. 헤롯은 이스라엘의 악한 목자와 거짓된 목자의 전형이며, 방금 죽음의 연회를 벌인 인물이다. 바로 그때 예수님께서는 자신의 양 떼를 "원수의 목전에서" 먹이신다(시 23:5).

이 장면은 단순한 기적을 넘어, 예수님께서 이미 자신과 제자들에게 닥쳐올 고난과 죽음을 알고 계셨다는 것을 암시한다. 그럼에도 예수님은 광야에서 연약한 무리를 목자처럼 돌보시고 풍성히 먹이신다. 그러나 제자들은 광야에서 하나님의 공급을 받고도 불신과 원망을 반복했던 이스라엘과 다를 바 없었다. 바로 시편 78편이 묘사하는, 끊임없이 하나님을 시험하고 의심했던 그 백성처럼 말이다.

> 그들이 그들의 탐욕대로 음식을 구하여 그들의 심중에 하나님을 시험하였으며 그뿐 아니라 하나님을 대적하여 말하기를 하나님이 광야에서 식탁을 베푸실 수 있으랴 보라

그가 반석을 쳐서 물을 내시니 시내가 넘쳤으나 그가 능히 떡도 주시며 자기 백성을 위하여 고기도 예비하시랴 하였도다(시 78:18-20)[13]

예수님은 완고한 제자들에게조차 그들의 모든 필요를 친히 채우실 수 있음을 거듭 증명하시며, 마가복음에서 몸소 시편 23편의 메시지를 살아내신다. 그분은 단지 입술로 말씀을 가르치신 것이 아니라, 자신의 삶과 사역을 통해 "여호와는 나의 목자시니 내게 부족함이 없으리로다"라는 고백의 실제를 보여주셨다. 이 장면은 요한복음에서 예수님께서 친히 선포하신 말씀과도 긴밀히 연결된다. "내가 문이니 누구든지 나로 말미암아 들어가면 구원을 받고 또는 들어가며 나오며 꼴을 얻으리라"(요 10:9).

시편 23편이 묘사하는 푸른 초장의 안식은 단순한 쉼의 장소가 아니다. 그곳은 에덴에서 쫓겨난 이후 인류가 줄곧 갈망해온 잃어버린 안식처이며, 우리의 죄와 반역으로 인해 상실된 것을 예수 그리스도 안에서 회복받는 자리다. 이 안식은 오직 우리가 목자 되신 예수님의 돌보심 안에 거할 때, 비로소 다시 누릴 수 있다.

제임스 해밀턴은 이렇게 말한다. "여호와를 목자로 둔 자들은 주 하나님의 모든 약속이 이루어지고, 모든 필요가 충족되며, 모든 두려움이 사라지는 곳으로 인도될 것이다."[14] 우리는 아직 새 하늘과 새 땅을 향해 가는 여정에 있지만, 하나님의 모든 약속은 이미 주 예수 그리스도 안에서 완전히 성취되었다. 그분은 시편 23편에서 노래하는 목자 되신 주님이시며, 그 시편에 쓰인 모든 동사의 주어가 되시는 분이다. 즉, 그분은 자신의 양 떼를 온전히 돌보시고, 모든 필요를 완벽히 채우시며, 모든 두려움 가운데서도 우리를 끝까지 보호하는 참된 목자이시다.

구약에서 하나님의 백성이 걸어갔던 '출애굽을 닮은 삶'은 결국 주 예수님의 삶으로 이어진다. 예수님은 40일 동안 광야에서 시험을 받으셨고, 이전에 수많은 사람들이 실패했던 그 시험을 끝까지 신실하게 견디셨다. 그분은 참되고 신실하신 하나님의 아들이며, 둘째 아담이자 더 위대한 모세이고, 위대한 다윗보다 더 큰 아들이시다. 그분은 우리를 위해 자신의 생명을 내어주고 죽음을 통해 참된 출애굽을 이루셨다. 그분은 죄인을 대신하여 하나님의 심판과 진노를 감당하신 유월절 어린양이 되셨으며, 그렇게 함으로써 우리를 죄의 종살이에서 해방시키시고, 그분 안에서 새 생명으로 인도하셨다.

여기에는 우리의 믿음을 단단히 붙들어줄 깊고도 풍성한 진리가 담겨 있다.

시편 23편 1-3절에 드러난 출애굽의 주제와 관련하여 피터 크레이기는 이렇게 말한다. "시편 기자는 그의 신앙이 과거 하나님의 위대한 구원 행위들과 연결되어 있음을 보여주면서 자신의 확신과 신뢰를 표현한다. 그리고 이는 언약 신앙의 기초가 되었다."[15]

이것이 바로 우리가 시편 23편 1-3절을 읽으며 떠올릴 수 있는 질문에 대한 대답이다. **"여호와는 나의 목자시니—좋다. 그런데 이 말이 나에게는 어떻게 적용되는가? 다윗이 말한 이 놀라운 공급하심을 나 역시 실제로 경험할 수 있을까? 그리고 그것이 내 삶에서는 어떻게 나타나는 걸까?"**

그 질문에 대한 첫 번째 답은 **나**를 생각하기 전에 먼저 **우리**를 생각할 때, 시편 23편의 메시지를 더 깊이 깨달을 수 있다는 것이다. 알라스테어 로버츠와 앤드루 윌슨은 이렇게 말한다. "오늘날의 교회, 특히 복음주의 교회는 뿌리 없음(rootlessness)으로 인해 쉽게 방향을 잃고, 심지어 정체성을 잃어버리는 경우가 많다. 우리는 혼란스럽고 근본 없는 시대를 살고 있다."[16]

나와 주 예수님과의 관계는 단지 개인적인 신앙의 차원에 그치지 않는다. 그 관계는 모든 신자와 공유하는, '출애굽 이야기'에 뿌리를 둔 언약적 공동체의 관계이다. 다윗이 출애굽의 노래를 부른 것은 단지 그의 삶이 출애굽을 닮았기 때문만이 아니다. 그 노래가 그의 백성, 그의 조상들의 노래였기 때문이다.

그리고 우리 역시 같은 이유로 출애굽의 노래를 부르는 사람들이다. 출애굽기 15장 '승리의 노래'는 단지 오래전 이스라엘 백성이 부른 노래가 아니다. 그것은 오늘 **우리의** 노래이기도 하다. 왜냐하면 하나님께서 구속하신 그 백성이 곧 우리 믿음의 조상들이기 때문이다. 마찬가지로, 시편 23편에서 다윗이 부른 이 출애굽의 노래 또한 우리의 노래이다. 왜냐하면 다윗은 우리 믿음의 조상이기 때문이다.

시편 23편을 부르는 것은 예수 그리스도를 통해 하나님께서 우리에게 베푸신 구원의 은혜를 기념하는 것이다. 그분의 죄 없으신 삶과 십자가 죽음을 통한 구원, 그리고 복음을 통해 이 땅에서뿐 아니라 영원한 삶 가운데 허락하신 참된 안식을 찬양하는 것이다. 우리가 시편 23편을 읽거나 노래할 때마다 우리는 하나님의 언약 백성을 향한 변함없는 역사 속에 거하는 것이다. 하나님께서 그분의 백성을 위해 행하셨던 그 일을, 오늘도 우리에게 행하실 것을 확신하며 선포하는 것이다.

"다윗이 하나님께서 자신을 돌보시리라는 기대를 품은 것은 단순히 과거의 경험 때문만이 아니다. 출애굽의 함축적 의미는 그의 기대가 단단한 믿음의 기반 위에 서 있음을 보여준다. 그 믿음은 출애굽과 광야 여정에서 하나님께서 이스라엘을 신실하게 공급하시고 인도하셨던 역사적 근거에 기초한다."[17]

다시 말해, 하나님께서 이미 이스라엘 백성을 위해 행하신 일들(그들을 이집트에서 이끌어내시고, 광야에서 먹이고 인도하신 역사)은 오늘날 우리에게도 동일하게 이루어진다는 강력한 근거가 된다. 하나님은 우리 믿음의 가족을 위해 이미 그 일을 행하셨고, 그분의 신실하심은 기록된 역사를 통해 증명되었다. 그러므로 나는 선한 목자 되신 예수님께서 나를 이끄시는 동안 그분을 신뢰할 수 있다.

다윗이 시편에서 묘사한 푸른 초장은 우리 선한 목자 되신 예수님과 관계 맺을 때에만 발견되고 경험할 수 있다. 예수님은 요한복음 10장 9절에서 이렇게 말씀하신다. "내가 문이니 누구든지 나로 말미암아 들어가면 구원을 받고 또는 들어가며 나오며 꼴을 얻으리라." 이러한 쉼은 단지 외적인 환경에서 오는 것이 아니라, 예수님의 임재 속에서 살아갈 때 온다. 우리는 일상의 모든 순간마다 예수님께 나아가고, 그분과 동행하며, 그분의 인도하심을 받을 때, 비로소 참된 푸른 초장, 곧 영혼의 쉼과 만족을 경험하게 된다.

이 말씀은 다시금 시편 23편 1절에서 다윗이 처음 고백한 믿음의 선언으로 우리를 이끈다. "내게 부족함이 없으리로다"(시 23:1). 이 구절을 읽는 우리는 각자 삶에서 원하는 것이 많을 것이다. 그중에는 선하고 바람직한 것도 있지만, 때로는 지혜롭지 못하거나 우리에게 유익하지 않은 것도 있다. 그러나 시편 23편은 우리에게 분명한 진리를 가르쳐준다. 예수님께서 우리에게 공급하지 않으신 것이라면, 그것은 결코 우리에게 필요한 것이 아니다.

매튜 헨리(Matthew Henry)는 이와 관련해 다음과 같이 말한다. "감각적인 즐거움만을 추구하는 악인에게는 아무리 풍족한 것도 결국 메마른 풀밭에 불과하다. 그러나 경건한 사람은 자신이 누리는 모든 것 속에서 하나님의 선하심을 맛보며, 믿음으로 그것을 즐긴다. 그는 이 세상에서 가진 것이 많지 않더라도, 그것이 푸른 초장임을 안다."[18]

의의 길에서
그분의 발소리가
들려오네

지금까지 우리는 시편 23편 안에 출애굽의 반향이 담겨 있다는 사실을 살펴보았다. 특히 1절부터 3절까지 두 차례 반복되는 "나를 인도하신다"라는 표현은 출애굽을 떠올리게 하는 분명한 뉘앙스가 있다.

> 주의 인자하심으로 주께서 구속하신 백성을 인도하시되
> 주의 힘으로 그들을 주의 거룩한 처소에 들어가게 하시나
> 이다(출 15:13)

가장 어두운 순간, 가장 가까이에

이 여정의 목적지는 바로 하나님의 거처이며, 시편 23편이 다음과 같은 말로 끝나는 것도 결코 우연이 아니다.

내가 여호와의 집에 영원히 살리로다(6절)

우리는 곧 시편 23편의 마지막 구절을 살펴보게 될 것이다. 그러기 전에 먼저 시편의 처음 몇 구절에서 하나님의 돌보심이 어떤 모습으로 나타나는지 살펴보고자 한다. 이 구절들에는 완전하고 궁극적인 안식의 모습과 함께, 목자 되신 하나님이 앞서 인도하시고 우리가 그분의 의로운 길을 따라가는 모습이 담겨 있다. 하나님은 분명히 우리를 그분의 집으로 인도하신다. 그러나 그 집에 이르는 여정에는 그 길에서 누리는 풍성한 돌보심과 은혜의 풍경들로 가득하다.

2절의 완전한 공급과 3절의 의의 길 사이에는 "내 영혼을 소생시키시고"라는 기쁨 가득한 구절이 자리하고 있다. 이 문장은 그 자체로도 아름다운 고백이지만, 2절에 나타난 세심한 돌봄과 관심의 결과로 읽을 수도 있고, 3절에서 말하는 의로운 길을 따를 때 나타나는 열매로 이해할 수도 있다.

어느 방향에서 읽든 핵심은 분명하다. 목자의 섬세한 돌보심 아래서, 그리고 그분의 길을 따라 걷는 삶에서 우리의 영혼은 참으로 회복된다. 그렇다면, "내 영혼이 소생된다"라는 말은 실제로 어떤 의미일까?

유대교 주석가들은 시편 23편의 "내 영혼을 소생시키시고"라는 표현 속에 안식일이 이스라엘에게 의미하는 모든 것이 담겨 있다고 해석한다. 많은 기독교 주석가들도 이 해석에 공감한다. 예를 들어, 리처드 브릭스는 시편 23편 1-3절 전체에 대해 이렇게 말한다. "이 구절들의 논리는 안식일의 논리와 유사하다. 둘 다 삶의 풍성함이라는 더 큰 그림을 제시함으로써, 우리가 감당해야 할 일이나 견뎌야 할 시련에 대해 지혜롭고 바른 시각을 갖도록 도와준다."[1]

이 구절은 출애굽기와도 연결되어 있다. 신명기 5장에 따르면, 이스라엘이 안식일을 지켜야 하는 이유는 그들이 쉼 없이 일해야 했던 노예의 삶에서 해방되었기 때문이다. 하나님께서 그들을 자비와 긍휼로 구원하신 것처럼, 그들도 이제 자신이 돌보는 자들에게 자비와 쉼을 제공해야 한다 (신 5:12-15 참조). 한편, 출애굽기 31장에서는 창조 질서가 안식일을 지키는 근거로 제시된다. "이는 나와 이스라엘 자손 사이에 영원한 표징이며 나 여호와가 엿새 동안에 천지를 창조하고 일곱째 날에 일을 마치고 쉬었음이니라"(출 31:17).

이 모든 성경적 맥락을 고려할 때, "내 영혼을 소생시키시고"라는 표현은 단순한 휴식 이상의 의미를 지닌다. 이 말은 곧, 하나님의 구속과 회복, 그리고 창조 질서 안에서 누리는 온전한 안식을 상징하는 표현이라 할 수 있다.

시편 23편 1-3절에 담긴 안식일의 의미는, 우리가 일상에서 경험하는 휴식이나 특정 요일에 지키는 안식일과는 다소 거리가 있어 보일 수 있다. 그래서 이 주제에 대해 깊이 성찰해온 이들의 통찰을 경청할 필요가 있다. 예를 들어 유대교 사상가인 아브라함 조슈아 헤셸(Abraham Joshua Heschel)은 그의 고전적 저서 『안식』(복있는사람, 2007)에서 "거룩함의 건축물"이라는 개념을 제시하며, 거룩함은 공간이 아닌 시간 속에 세워지는 것이라고 말한다. 그는 하나님께서 안식일을 제정하신 본래 목적이 우리가 이 땅에서 천국을 미리 맛보도록 하기 위함이라고 설명한다.

하나님께서 창조를 마치고 제7일에 안식하셨을 때, 유독 그날에 대해서는 "저녁이 되고 아침이 되니"라는 말씀이 나오지 **않는다**. 이는 하나님의 안식이 끝나지 않고 계속되고 있음을 암시한다. 헤셸은 안식일을 단순히 재충전을 위한 쉼의 시간이 아니라, 모든 인생과 노동이 향하는 궁극적인 절정으로 본다. 우리가 하나님과 함께 그분의 안식에 들어가 영원히 그분을 누리는 것, 바로 그것이 창조의 본래 목적이라는 것이다. 그는 이렇게 말한다. "안식일은 중간 휴식이 아니라 삶의 정점이다."[2] 안식일이 창조의 본래 목적, 곧 하나님과 함께 누리는 쉼을 실현하는 방식으로 주어졌다는 사실은 참으로 경이롭다. 이 날은 단지 일하지 않는 날이 아니라, 여호와를 기뻐하는 시간이었기에 하나님의 백성에게 기쁨의 날이 되었고(사 58:13), 그 기쁨은 곧 주님을 기뻐하는 즐거움으로 이어졌다(사 58:14).

시편 23편에 내포된 핵심 개념 중 하나는, 이미 안식에 들어가신 주님과 함께 시간을 보내는 것이다. 그분은 자신의 안식 안으로 우리를 초대하는 목자이시다. 리처드 브릭스는 이를 다음과 같이 설명한다. "시편 23편은 삶의 속도를 늦추고, 때로는 멈추어 쉬며, 인생이 계속 흘러간다는 사실을 기억하는 동시에, 여호와 목자께서 주시는 회복을 기뻐하라고 우리를 초대한다."[3] 헤셸은 이 개념을 더욱 시적으로 표현한다. "안식일은 세상이 창조된 이후에 인간의 도움 없이도 유지될 수 있음을 깨닫는 시간이다."[4]

이처럼 시편 23편을 기독교적 관점에서 해석할 때, 우리는 '영혼의 회복'이라는 주제를 여러 층위로 이해할 수 있다. 가장 명확한 차원에서, 시편 23편의 길을 따라 다윗의 발자취를 함께 걷다 보면, 세상을 통제하려는 시도를 멈추고 작업 도구를 내려놓은 채, 목자의 공급하심 안에서 양육받는 순간, 우리의 영혼은 비로소 참된 회복을 경험한다.

양은 자신이 목자가 아님을, 자신이 그저 연약한 양임을 매일매일 상기하는 데서 큰 유익을 얻는다. 영혼의 회복은 바로 그 자리에서 일어난다. 내 영혼의 쉼은 언제나 내가 그분과 얼마나 가까이 있는가에 달려 있다. 영혼의 회복을 위한 시간의 중요성은 단순한 위로나 여유를 넘어서, 삶의 본질과 방향에 대한 통찰을 담고 있다. 그리고 바로 이것이 다윗이 시편 23편 1-3절에서 노래하고 있는 핵심이기도 하다. 다윗은 자신의 삶에서 주된 활동을 이끄는 주체가 자신이 아니라는 사실에 기뻐한다. 그의 삶의 주체는 목자 되신 하나님이시다. 목자께서 그를 쉬게 하시고, 인도하시며, 회복시키시고, 다시 의의 길로 이끄신다.

이와 관련하여, 해럴드 쿠쉬너는 아프리카에서 사파리를 하던 관광객들의 이야기를 소개한다. 이들은 사흘 동안 짐꾼들과 함께 여행했는데, 사흘째 되는 날 짐꾼들이 하루는 꼭 쉬어야 한다고 요청했다. 피곤해서가 아니라, "너무 빨리, 너무 멀리 왔기 때문에 우리 영혼이 우리를 따라잡을 수 있도록 기다려야 한다"는 것이었다.[5] '영혼'이라는 단어를 해럴드 쿠쉬너나 다른 이들처럼 우리 내면의 한 영역으로 이해하든, 혹은 더 넓게 우리 존재 전체를 가리키는 표현으로 받아들이든(개인적으로는 후자가 더 타당해 보이지만), 중요한 것은 우리가 실제로 자신의 내면이나 삶의 여러 영역에서 분열을 경험한다는 사실이다. 우리 존재의 어떤 부분은 다른 부분들보다 너무 앞서 가버려서 그 결과 우리는 다시 하나로 온전해질 필요를 느끼게 된다.

삶의 속도가 지나치게 빨라질 때, 우리는 더 서두르고, 더 나쁜 선택을 하게 되며, 때로는 잘못된 것을 우선순위에 두고, 심지어는 자신의 정체성을 지위나 성취, 소유와 동일시하기도 한다. 이처럼 성찰 없는 삶의 방식 속에서는, "여호와는 나의 목자시니 내게 부족함이 없으리로다"라는 고백이 뿌리내릴 여지가 없다.

진정한 쉼은 주 예수님께 가까이 나아갈 때 주어진다. 예수님은 마태복음에서 이렇게 말씀하신다. "수고하고 무거운 짐 진 자들아 다 내게로 오라 내가 너희를 쉬게 하리라 나는 마음이 온유하고 겸손하니 나의 멍에를 메고 내게 배우라 그리하면 너희 마음이 쉼을 얻으리니"(마 11:28-29). 예수님이 약속하신 이 쉼은 단순히 긴 하루를 마치고 쇼파에 앉아 탁자에 발을 올려놓는 일시적인 휴식이 아니다. 이어지는 본문에서 예수님은 바리새인들과 안식일의 참된 의미에 대해 논쟁하시며(마 12:1-8), 이 쉼이 바로 안식일이 상징해온 모든 것을 자신 안에서 성취하신 것임을 드러내신다. 하나님께서 창조 때부터 인류에게 주려고 의도하셨고, 지금도 우리가 여전히 갈망하고 있는 그 참된 쉼은 오직 예수님 안에서만 발견될 수 있다. 출애굽기는 하나님의 백성이 약속된 쉼에 들어가지 못한 실패의 이야기이기도 하다. 시편 95편과 히브리서 4장(1-7절)은, 믿음 없던 이스라엘 백성이 광야에서 쓰러져 그 안식에 이르지 못했음을 상기시킨다.

그러나 예수님은 끝까지 신실하셨고, 창조의 목적이자 하나님의 궁극적인 목표였던 안식일의 쉼에 들어가셨다. 그리고 그분 안에 있는 우리도 언젠가 그분과 함께 그 참된 쉼을 누리게 될 것이다. 한 신학자는 이렇게 말했다. "예수님은 아담과 이스라엘의 역사를 스스로 되풀이하심으로써, 우리를 단지 파멸에서 죄 없음으로, 죄책에서 용서로 인도하신 것에 그치지 않고, 온 창조 세계를 영원한 안식으로 이끌기 위해 오셨다."[6]

이 땅에서 우리가 누리는 쉼은 아직 완성되지 않은 안식을 미리 맛보는 것이다. 우리는 매 주일 주 예수님께서 이루신 출애굽의 복음을 믿고 소중히 여김으로써, 그분 안에서 이미 시작된 안식에 참여한다. 오직 예수님 안에서, 그리고 그분 안에서만 우리의 영혼은 참된 안식을 얻는다.

시편 23편 3절은 하나님께서 우리의 영혼을 소생시키시고, 그의 의의 길로 우리를 인도하신다고 선언한다. 이 말씀이 오늘날 우리에게 특별히 아름답고 의미 있게 다가오는 이유는, 알라스테어 로버츠와 앤드루 윌슨의 말처럼 오늘날 우리 세대가 진정한 자유의 본질에 혼란을 겪고 있기 때문이다. 우리는 자유를 자신의 길을 스스로 개척하는 것에서 찾으려 하고 "자기 자신에게 충실하라"거나 "가장 나은 자아가 되라"는 말에 고개를 끄덕이며 자유와 자아실현이 동일한 것처럼 여긴다.

그러나 "아무리 제약과 억압에서 벗어나는 경험을 반복한다 해도, 우리는 쉽게 또 다른 속박의 형태에 빠지게 된다. 진정한 자유는 우리가 생각하는 것보다 훨씬 더 복잡하다."[7] 바로 이 지점에서 시편 23편 3절의 말씀이 빛을 발한다. 진정한 자유는 내가 만든 길이 아니라, 선한 목자께서 앞서 걸어가시며 인도하시는 그 길 위에서 발견된다.

"의의 길(paths of righteousness)"이라는 표현에는 섬세하면서도 중요한 의미가 담겨 있다. 많은 주석가들은 여기서 말하는 '길'이 문자적으로는 수레바퀴 자국을 뜻한다고 설명한다. 땅이 아직 부드러울 때 수레바퀴가 지나가며 남긴 자국은, 땅이 굳은 뒤에는 다른 이들이 따라갈 수 있는 길이 된다.[8] 이 개념은 시편 23편의 전체 흐름, 곧 목자가 앞서가시고 우리는 그 뒤를 따르는 구조와 절묘하게 맞물린다. 그 길이 '의의 길'이든, ESV 각주에서 제안하듯 '올바른 길'이든, 핵심은 그 길이 **목자의** 자취라는 점이다. 목자 되신 주께서 앞서가시며 길을 개척하고 인도하신다. 그러므로 우리가 걷는 길은 단순한 길이 아니라, 그분이 먼저 걸으신 길, 그분의 인도하심 안에 있는 길이다. 그렇기에 우리가 주님의 발자취를 따르고 있는 한, 그 길은 곧 의의 길이며, 우리는 결코 올바른 길에서 벗어나지 않는다.

케네스 베일리는 선한 목자는 '나를 몰아세우는' 분이 아니라 '나를 인도하시는' 분이라고 말한다. 이는 참으로 탁월하고 본질적인 관찰이다. 목자가 앞서가시고, 나는 그분을 따르기에, "양들은 주로 목자의 음성에 이끌리는 것처럼 보이며, 그 음성을 알고 기꺼이 따른다"는 것이다.[9] 이 장면은 주 예수님께서 자신과 양의 관계를 묘사하신 방식과도 정확히 일치한다.

"자기 양을 다 내놓은 후에 앞서 가면 양들이 그의 음성을 아는 고로 따라오되"(요 10:4). 이것은 목자의 음성이야말로 우리가 의의 길에서 목자를 따를 수 있도록 이끄는 중심 요소임을 보여준다. 출애굽은 단순히 무엇이든 원하는 대로 할 수 있는 자유, 곧 자기 뜻대로 살아가는 해방을 의미하지 않는다. 하나님께서 이스라엘을 구속하신 목적은 그들이 거룩한 백성이 되게 하시려는 것이었다. 불타는 떨기나무에서 나타난 하나님의 이름은, 그분의 거룩하심과 자존하심을 드러내는 계시였고, 출애굽 이후 이스라엘에게 주어진 안식일 또한 '거룩한 날'로 구별된 날이었다. 시편 23편도 이 흐름을 따른다. 먼저는 은혜와 인도하심이 주어지고, 그 후에야 율법과 순종의 삶이 뒤따른다.

이것은 '의의 길'과 '온전함' 사이에 연관성이 있음을 보여준다. 시편 23편 3절에서 말하는 영혼의 회복은 단지 올바른 양식의 공급을 통해서만 이루어지는 것이 아니다. 올바른 길을 따라 걸을 때, 다시 말해 목자의 인도하심을 따르는 삶 가운데서도 진정한 회복이 일어난다. 즉, 참된 행복은 거룩함에서 발견된다. 온전함은 의로움에서 주어지며, 이 의로움은 우리가 목자의 음성을 듣고, 그 부르심에 귀 기울이며, 그분의 말씀을 따를 때 비로소 얻어진다. 시편 19편 7절에서 다윗은 이렇게 고백한다.

여호와의 율법은 완전하여 영혼을 소성시키며

세상에서 안식을 누리는 것이나 다가올 세상에서 주님과 함께 안식을 누리는 것은 우리가 그분께 자신을 드리는 가운데 그분의 말씀으로 세워지고 그분이 주시는 의로움으로 변화되지 않고는 불가능하다. 그러니 이 글을 읽는 지금, 잠시 멈추어 생각해보자. 나는 지금 목자가 인도하시는 의의 길에서 어디쯤 걷고 있는가? 나는 여전히 주님의 인도하심을 따라 걷고 있는가, 아니면 나도 모르게 내 길로 벗어나고 있는가? 예수님을 향한 우리의 사랑과 하나님의 말씀에 대한 사랑은 결코 분리될 수 없다. 둘 중 하나를 사랑하게 되면, 자연스럽게 다른 하나도 사랑하게 되고, 그중 하나와의 관계가 식기 시작하면, 머지않아 다른 쪽과의 관계도 함께 식어간다.

지금 나는 목자의 길 위에 있으면서도 아무도 모르게 그 길을 떠날 생각을 하고 있지는 않은가? 시편 23편은 분명하게 말한다. 목자께서 함께 걷고 계시지 않는 인생길 위에는 결코 영혼의 회복이 없다. 예수님과 그분의 말씀, 그분의 의로운 율법과 의를 베푸는 복음보다 더 푸른 초장은 이 세상 어디에도 없다. 그러나 어쩌면 지금 당신의 눈에는 예수께서 거하시지 않는 그 '초장'이 더 푸르게 보일런지도 모른다.

아니면 아직 의의 길을 완전히 벗어난 것은 아니지만, 그 위험에 가까워지고 있는지도 모른다. 방황은 그렇게 조용히 시작된다. 어쩌면 당신은 잘 알면서도 빠져서는 안 될 관계를 맺고 있을 수 있다. 그것은 의의 길이 아니다. 그 사실은 객관적으로도 명백하지만, 당신은 주관적으로도 그 관계가 주 예수님과 당신 사이에 거리감을 만들어냈다는 것을 느끼고 있을 것이다.

가장 어두운 순간, 가장 가까이에

기억하라. 삶은 전시장이 아니라 여정이다. 우리는 언제나 움직이고 있으며, 예수님의 길을 따르든, 다른 어떤 목자의 길을 따르든, 어디론가 향하고 있다. 그 '목자'는 어쩌면 당신이 온라인에서 소비하는 어떤 콘텐츠일 수도 있고, 당신이 돈이나 시간, 에너지를 쏟고 있는 무언가일 수도 있다.

지금 어긋난 2도의 방향은 내년 이맘때에는 1마일이나 벗어난 자리로 우리를 데려다줄 수도 있다. 그러므로 지금 이 순간, 당신이 걷고 있는 길이 어떤 길인지, 그 길을 누가 인도하고 있는지, 그리고 그 길이 어디를 향하고 있는지 곰곰이 생각해보라.

내 경험상, 삶의 잘못된 걸음은 거의 언제나 성경을 통해 들려오는 예수님의 음성에 귀 기울이기를 소홀히 한 데서 비롯되었다. 그분의 음성을 듣는 일에 헌신하기를 더디하면 결국, 그리고 반드시 그분의 길에서 벗어나게 된다.

이 글을 읽는 이들 중에는 과연 목자를 따르는 삶이 정말 그만한 가치가 있는지 막 의문을 품기 시작한 사람도 있을 것이다. 왜냐하면, 당신은 이미 목자의 길이 곧 십자가의 길임을 알고 있기 때문이다. 예수께서는 분명히 말씀하셨다. "누구든지 나를 따라오려거든 자기를 부인하고 자기 십자가를 지고 나를 따를 것이니라"(막 8:34).

그렇다. 예수님을 따르며 겪게 되는 고난이 정말 감당할 만한 일일까? 그 질문은 누구에게나 찾아온다. 나는 당신에게 이렇게 말하고 싶다. 그분의 길을 떠난 지 오래되지 않았다 해도, 당신은 곧 깨닫게 될 것이다. 다른 길에서는 영혼이 자라지 않고 서서히 썩어가며, 살아 있는 유일한 길은 목자를 따라 죽음 속으로 들어가는 길뿐임을 말이다.

예수께서 말씀하신 대로다. "누구든지 자기 목숨을 구원하고자 하면 잃을 것이요 누구든지 나와 복음을 위하여 자기 목숨을 잃으면 구원하리라"(막 8:35). 주 예수님과 함께하는 삶에는 이 세상 그 어디에서도 찾을 수 없는 참된 아름다움이 있다. 그분의 말씀은 단지 참된 진리일 뿐만 아니라 우리의 영혼을 살리고, 회복시키며, 온전하게 하시는 유일한 말씀이다.

그분을 따르는 대가는 결코 작지 않다. 내 안의 모든 추하고 죄 된 것들이 십자가에 못 박히는 일이기 때문이다. 그 고통은 때때로 처절하고 치열하다. 그러나 죄 된 자아가 죽은 그 반대편에서 얻게 되는 새 생명은 말로 다 표현할 수 없을 만큼 귀하고 값진 선물이다. 예수님과 함께하는 삶은,

그분 없이는 결코 작동하지 않는 방식으로 움직인다.

목자와 함께 걷는 삶의 궁극적인 이유는 시편 23편 3절의 마지막 구절에서 드러난다. 이 시편에서 우리가 놀라움과 경외심을 갖게 되는 지점 중 하나는, 목자가 양들에게 이처럼 넓고 세심한 돌보심을 베푸시는 궁극적인 이유가 양들의 이름이나 자격 때문이 아니라, 오직 자기 이름의 영광을 위함이라는 사실이다.

목자 되신 주께서 나의 모든 필요를 채우고 돌보신다는 사실은 참으로 놀라운 일이다. 그러나 그보다 더 경이로운 것은, 그분이 양들을 위해 하시는 모든 일을 "자기 이름을 위하여"(3절) 행하신다는 점이다. 주님은 자신의 명예를 우리 삶과 연결시킨다. 우리가 어떤 삶을 살고 어떻게 주님을 따르는지가 곧 그분의 이름과 연결되어 있다는 뜻이다. 그래서 주님은 자신의 이름을 걸고 우리를 인도하신다.

브루스 월트키(Bruce Waltke)와 제임스 휴스턴(James Houston)은 이렇게 말한다. "우리는 하나님의 뜻과 그분의 백성의 뜻이 충돌하지 않고 일치하는 우주에 살고 있다."[10] 이 말은 하나님의 인도하심과 우리의 순종이 서로 모순되지 않고 함께 가도록 창조되었다는 뜻이다. 필립 켈러는 이 진리를 더 시적으로 표현한다. "이 말씀은 한 줌의 평범한 진흙을 신적 운명과 연결시키고, 결국 유한한 인간이 하나님의 세심한 돌보심을 받는 소중한 존재가 된다는 뜻이다."[11]

이 진리는 우리에게 매우 소중하다. 하나님께서 "자기 이름을 위하여" 의의 길로 우리를 인도하신다는 것은, 하나님이 우리를 자신의 목적을 위해 이용하신다는 뜻이 아니다. 하나님께서 자신의 명예를 우리 걸음에 묶으셨기 때문에 우리는 오히려 그 길을 담대히 걸어갈 수 있다는 뜻이다. 존 파이퍼는 이를 다음과 같이 설명한다. "하나님께서 자신의 백성에게 헌신하시는 가장 큰 이유는, 자신의 이름에 헌신하시기 위해서다. 우리가 용서를 받고, 두려움 없이 살아가며, 참된 기쁨을 누릴 수 있는 가장 근본적인 근거는 하나님께서 자신의 위대한 이름에 충실하신 그 헌신에 있다."[12]

우리는 앞서 시편 23편이 출애굽기와 연결되어 있음을 살펴보았다. 그 이야기 속에서 반복되는 주제는 하나님께서 바로에게 자신의 능력을 드러내신 목적이 "내 이름이 온 천하에 전파되게 하려 하였음이니라"(출 9:16)라는 데 있다는 것이다.

가장 어두운 순간, 가장 가까이에

그러나 여호와께서는 자기의 이름을 위하여 그들을 구원하셨으니 그의 큰 권능을 만인이 알게 하려 하심이로다(시 106:8)

출애굽기 초반을 보면, 모세와 이스라엘 백성은 아직 하나님의 이름을 제대로 알지 못했다. 이에 대해 존 파이퍼는 이렇게 설명한다. "출애굽의 목적은 하나님께서 자신의 명성을 온 세상에 드러내는 데 있었다. 열 가지 재앙과 홍해가 갈라지는 사건들은, 하나님께서 택하신 백성을 위해 나타내신 놀라운 능력을 세상에 알리기 위한 것이었으며, 그분의 이름과 명성이 온 땅에 전파되도록 하기 위한 것이었다."[13]

시편 23편은 '목자의 길', 곧 자기 십자가를 지고 주님을 따라 죽음에까지 이르는 의의 길이 단순한 삶의 여정이 아니라, 하나님께서 자기 이름의 영광을 걸고 인도하시는 길임을 일깨워준다. 그분은 결코 나를 홀로 걷게 하지 않으신다.

찬송으로 울려 퍼지는 시편 23편

나의 주, 나의 목자,
내 삶을 다스리시네

주님, 나의 목자께서 내 삶을 다스리시며
내게 필요한 모든 것을 주십니다
그는 나를 시원한 시냇가로 인도하시며
푸른 초장에서 나를 먹이십니다.

주님은 내 쇠약한 힘을 소생케 하시고
내 기쁨을 완전하게 하십니다
그의 이름을 위하여 의의 길로
나의 흔들리는 발걸음을 인도하십니다.

죽음의 어두운 골짜기에서도
나는 아무 악도 두렵지 않습니다
목자의 지팡이가 내 길을 보호하시니
당신이 거기 나와 함께 하십니다.

모든 원수들이 지켜보는 가운데
왕의 잔치를 베푸시며
내 잔을 채우시고, 내 머리에 기름을 부으시며
나를 당신의 손님으로 대하십니다.

당신의 선하심과 은혜로운 사랑이
내 평생에 나를 따르리니
오 주님, 당신의 집이 나의 집이 되리이다
당신의 이름을 끝없이 찬양합니다.

ⓒ 1982 The Jubilate Group (Hope Publishing Company에서 저작권 관리). 모든 권리는
저작권자에게 있으며, 본 사용은 정식 허가를 받은 것입니다.

내가 사망의 음침한 골짜기로 다닐지라도

해를 두려워하지 않을 것은

주께서 나와 함께 하심이라

주의 지팡이와 막대기가

나를 안위하시나이다

시편 23:4

2부
나그네와 동반자

어둠은 두려움을 불러일으킨다.

짙고 완전한 어둠은 인간의 영혼 깊은 곳을 흔드는 극한의 공포를 안겨준다.

찰스 스펄전은 시편 23편 4절에 대해 이렇게 말했다. "말로 다 표현할 수 없을 만큼 큰 기쁨이 넘치는 이 구절은 수많은 이들의 마지막 순간에 읊조려졌고, 어두운 골짜기를 밝히는 데 큰 도움이 되었다."[11] 시편 23편에서 첫 구절을 제외하면 아마 이 4절이 가장 널리 알려진 구절일 것이다. 이 말씀은 우리 삶의 어떤 순간에 깊은 위로가 되어주었고, 지금 이순간에도 예기치 않게 다가온 죽음을 마주하는 이의 발 아래서 단단한 반석이 되어주고 있다. 어딘가에서는 사랑하는 이를 떠나보내는 이의 영혼을 붙들어주는 닻이 되어

주고 있을 것이다.

이 세상의 골짜기들은 참으로 다양한 모습과 크기로 우리 앞에 나타난다. 우리는 대부분 그 그림자 속에서 긴 시간을 보낸다. 사별과 슬픔, 우울, 깊은 좌절, 질병, 트라우마, 학대 등 골짜기의 얼굴은 너무나도 많다.

이 구절에는 거의 모든 단어에 아름다움과 위로가 가득하다. 그러니 이 말씀의 한 줄 한 줄에 천천히 머물며, 그 안에 담긴 뜻을 음미해보자.

비록 이 부분을 "나그네와 동반자"라고 이름 붙였지만, 목자의 이미지를 벗어난 것은 아니다. 지팡이와 막대기의 등장만 보아도 이를 확실히 알 수 있다. 이 도구들은 선한 목자 되신 주님의 사역 가운데서도 특히 아름답고 위로가 되는 면모를 보여준다.

1절부터 3절까지의 흐름이 자연스럽게 4절로 이어지는 것을 보면, 여전히 양과 목자의 이미지가 시야에 남아 있음을 알 수 있다. 그러나 시편 기자는 4절에서 특별히 '동반자'로서의 목자, 곧 함께하시는 주님의 모습에 우리의 시선을 집중시키기를 원한다.

히브리어 원문에서 시편 23편은 제목을 포함해 총 20행으로 이루어져 있으며, 정확히 그 중심인 열 번째 행에 해당하는 말씀이 바로 "주께서 나와 함께 하심이라"이다. 이 구절은 모든 양이 반드시 걸어야 할 길 위에서 불리는 노래이며, 그 길은 결코 혼자 걷는 길이 아님을 선언한다.

그리고 이 완전하고도 안전한 중심 구절을 더욱 빛나게

하는 것은, 그 앞뒤에 놓인 어둠과 위험이다. 바로 이 극적인 대조가 이 구절의 빛을 한층 더 선명하게 드러낸다.

두려움 속에서
나를 이끄시고

지금까지 시편 23편에서의 양들은 철저히 수동적인 존재로, 눕혀지고, 인도받고, 회복될 뿐이었다. 그러나 4절에 이르러 양들은 처음으로 능동적으로 움직이기 시작한다. 스스로 걸으며 어딘가로 향하고 있는 것이다. 그리고 이 절의 첫 구절인 "내가 …할지라도(Even though)"는, 이 구절에 담긴 신학적인 깊이와 궁극적인 위로를 암시한다. 3절에서 말한 '의의 길'의 여정이 실제로 어떤 모습인지를 4절에서 생생하게 볼 수 있다. 우리는 이 시편이 너무 익숙한 나머지, 목자가 자기 이름을 위하여 인도하신다는 말씀이 어떤 방식으로 실현되는지를 보여주는 이 놀라운 전개를 놓치기 쉽다.

본격적인 내용을 살펴보기 전에, 잠시 한발 물러서서 생각해보자. 시편 23편이 장례식에서 자주 낭독된다는 사실은 이제 우리에게 너무 익숙하다. 아마 여러분이 참석한 많은 장례식에서도 이 시편이 어떤 형태로든 읽혔을 것이다. 하지만 처음부터 그랬던 것은 아니다.

윌리엄 홀러데이(William Holladay)는 "시편 23편이 어떻게 미국의 세속적 상징이 되었는가"라는 글에서, 시편 23편이 미국 남북전쟁 이전까지는 죽음과 관련해 자주 사용되던 본문이 아니었다고 말한다. 그러나 남북전쟁 이후부터 1880년경까지 사회와 교회에서 일어난 여러 변화로 인해 종교적 언어에 대한 개인주의적이고도 감상적인 이해가 점차 보편화되었고, 그 결과 1900년대에 들어서면서 장례 예식에서 압도적으로 "널리 사용되기" 시작했다는 것이다.[1]

이 말은 곧, 여러분이 시편 23편을 접했던 장례식이 예수님을 자신의 목자로 알고 사랑했던 이의 장례식이었을 수도 있지만, 그렇지 않은 이의 장례식이었을 수도 있다는 뜻이다. 홀러데이는 시편 23편이 이처럼 널리 퍼지게 된 데에는 몇 가지 주요한 요인이 있었다고 지적한다.

> 시편 23편은 짧아서 외우기 쉽고 요구하는 바가 많지 않다. 죄에 대해 언급하지 않으며, 교회 공동체에 참여해야 한다는 요청도 없다. 그저 하나님(혹은 예수님)이 시편의 화자와 함께하시며 그를 돌보신다는 사실만을 담고 있는 것처럼 보인다. 이 시편은 공적인 자리에서도 부담 없이 인용할 수 있는 본문으로, 유대인과 그리스도인 모두에게 받아들여질 수 있으며, 누구에게도 불쾌감을 주지 않는다.[2]

이런 점들 때문에 시편 23편은 '세속적 상징'으로 자리 잡기 쉽다. 이 본문은 유대교나 기독교의 신앙 고백이라기보다, 죽음을 맞이하는 이들에게 붙이는 하나의 '착한 시민 배지'처럼 기능하게 된 것이다.[3]

시편 23편의 하나님께서 화자와 함께하시고 그를 돌보신다는 내용은 일반적인 의미에서 분명한 사실이며, 종교적 감상주의가 지배적인 문화에서는 이러한 해석이 특히 매력적으로 다가올 수 있다. 그러나 조금 더 가까이 들여다보자. 이 시편에서 진정 놀라운 점은, 하나님께서 **어떻게** 함께하시는가에 있다.

3절에서 주님의 인도하심을 따라 의의 길을 걷던 양이 4절에 이르러서는 그 인도하심 속에서 '사망의 음침한 골짜기'라는 전혀 새로운 길로 들어서게 된다. 시편 23편 이야기의 이 예상치 못한 전개는, 선한 목자와 함께하는 의의 길이 때로는 사망의 골짜기를 포함할 수도 있다는 사실을 보여 준다. 만약 내가 지금 깊은 어둠의 골짜기를 지나고 있다면, 그것은 그분이 나를 그리로 인도하셨기 때문이다.

이 구절에서 우리는 여전히 목자와 양의 관계를 분명히 볼 수 있다. 동행자 되시는 그분의 손에는 지팡이와 막대기가 들려 있고, 5절에 이르면 주인이신 그분이 우리를 먹이시고 자신의 거처로 안전하게 인도하시는 모습이 능동적인 동사들로 표현된다.

그럼에도 어떤 이들은 목자란 평안과 고요만을 인도하며, 양들이 위협적인 골짜기에 이르게 되는 일에는 관여하지 않는다고 막연히 생각한다. 그러나 그것은 사실이 아니다. '사망의 음침한 골짜기', 곧 짙은 어둠의 날들은 우리가 의의 길에서 벗어났기 때문에 만나는 것이 아니다. 오히려 그곳은 때로 목자의 의의 길이 실제로 지나가는 자리이다. 이것이 바로 그분이 우리를 인도하시는 방식이다.

이것이 놀라운 이유는, 이 구절을 지배하는 이미지, 곧 "사망의 음침한 골짜기"라는 강렬하고도 두려운 표현을 마주하게 되기 때문이다. 주석가들에 따르면 "골짜기"라는 단어는 비교적 명확하게 번역되지만, "사망의 음침한"으로 번역된 히브리어 단어는 더 복잡하고 해석이 분분하다.

이 표현은 실제로 하나의 히브리어 단어로 이루어져 있으며, "짙은 어둠"을 뜻할 수도 있다. ESV 각주에서도 이러한 가능성을 언급하고 있으며, 실제로 구약성경의 다른 본문에서도 이 단어가 "짙은 어둠"으로 번역된 경우가 있다. 예를 들어 공동번역 성경 욥기 24장 17절에서도 이 단어가 등장한다.

> 한밤중이 그들에게는 아침인가 짙은 어둠 속에서
> 온갖 무서운 일을 자행하는 무리[4]

그러나 많은 주석가들이 지적하듯, "사망의 음침한 골짜기"라는 번역을 단순히 시대에 뒤떨어진 잘못된 번역으로 치부하거나 그 가치를 단지 KJV 성경의 운율적인 표현에 대한 감성적 애착으로만 여기는 것은 적절하지 않다. 피터 크레이기는 이에 대해, "이 표현은 죽음의 위협을 전달하기 위해 의도적으로 선택되었을 가능성이 있다"고 말하며, 이를 뒷받침하는 예로 욥기의 본문을 제시한다.

> 내 날은 적지 아니하니이까 그런즉 그치시고 나를 버려두사 잠시나마 평안하게 하시되 내가 돌아오지 못할 땅 곧 어둡고 죽음의 그늘진 땅으로 가기 전에 그리하옵소서 땅은 어두워서 흑암 같고 죽음의 그늘이 져서 아무 구별이 없고 광명도 흑암 같으니이다(욥 10:20-22)[5]

짙은 어둠이라는 은유적 표현은 되돌아올 수 없는 장소, 곧 사후 세계와 분명히 연결되어 있다. 이는 단순한 설명이 아니라, 죽음을 시적으로 묘사한 것이다. 이 색조 없는 표현과 어휘는 죽음이 무엇인지에 대한 감각적이고 정서적인 인식을 즉각적으로 자극한다.

이 여정은 우리가 친숙한 빛 아래 머물다가 알 수 없는 어둠 속으로 들어가는 길이다. 또한 태양의 따사로움 아래 있다가 그늘과 그림자의 차가운 영역으로 옮겨가는 길이다.

이 골짜기의 짙은 어둠은 삶을 서서히 침식해오는 죽음을 묘사하는 데 있어 완벽한 은유라 할 수 있다.

여러 저자들은 팔레스타인의 어두운 골짜기를 직접 경험한 바 있다. 그곳은 "물이 날카로운 바위에 찢기며 거품을 일고 울부짖으며, 길은 아래로 깊이 파여 우뚝 솟은 절벽이 감싸는 깊고 좁은 협곡으로 이어진다. 절벽은 마치 성당의 석조 벽처럼 서 있으며, 그 위에는 스핑크스를 닮은 험준한 바위들이 머리 위로 맞닿을 듯 드리워져 있다."[6] 케네스 베일리는 1957년, 그런 장소에서 직접 겪은 일에 대해 말한다. 갑작스러운 급류가 좁고 깊은 협곡을 덮치며 약 50명의 프랑스 관광객의 목숨을 앗아갔고, 그 사건을 통해 "죽음의 골짜기"라는 표현은 실제 물리적 장소에서 일어난 참담한 현실로 드러났다.[7]

다윗이 이 구절을 쓸 때 정확히 무엇을 염두에 두었는지는 알 수 없다. 그러나 어떤 면에서는 바로 그 불확실성과 은유법을 사용한 열린 표현법이 오늘날 우리에게 더 큰 도움을 준다. 다윗의 시대에는 들짐승이나 피에 굶주린 적들이 실제로 골짜기에 도사리고 있었기 때문에 여행자라면 누구든 죽음이 문 앞에 있다는 현실을 늘 인식해야 했다.

가장 어두운 순간, 가장 가까이에

오늘날의 우리도 비록 다른 방식으로지만, 여전히 짙은 어둠을 마주하며 살아간다. 그리고 마찬가지로, 죽음 역시 언제나 삶을 가로질러 그 그림자를 미리 드리운다. 리처드 브릭스는 구약학자 존 레벤슨(John Levenson)의 연구를 바탕으로, 고대 시인들은 죽음을 오늘날처럼 '심장이 멎는 순간'이라는 임상적 사건으로 이해하지 않았다고 설명한다. 대신 죽음은, 살아 있는 자의 세계 안으로까지 스며드는 악의적 공포, 곧 죽음의 그늘로 인식되었다.[8]

지혜로운 신자는 태어나는 순간부터 이미 죽음이라는 현실 속에서 살아가고 있다는 사실을 잘 안다. 다만 대부분의 사람들에게는 아직 그 그림자가 미치지 않았을 뿐이다. 햇빛이 머리 위로 높이 떠 있을 때는 그 그림자의 존재를 인식하지 못하지만 골짜기를 지나며 처음으로 그 어두운 그림자를 마주하게 될 때면 비로소 이 진리가 다른 누군가의 이야기가 아니라 바로 내 이야기임을 깨닫게 된다. 우리는 항상 죽어가고 있다.

이 생각은 죽음의 형벌이 예상치 못한 방식으로 나타나는 창세기의 한 장면에서도 드러난다. 하나님께서 아담과 하와에게 선악과를 금하시며 "네가 먹는 날에는 반드시 죽으리라"(창 2:17)라고 경고하셨다. 놀라운 점은, 그들이 그 말씀을 어기고 선악과를 먹은 바로 그날 즉사하지 않았다는 것이다. 그러나 그 순간부터 죽음은 이미 시작되었다.

성경의 흐름을 따라가다보면, 아담과 하와의 죽음은 그날 당장 완전히 실현되지는 않았지만 분명 그날부터 시작되었음이 드러난다. 사랑 많으신 하늘 아버지를 거역하고 에덴동산을 훼손하며 죄를 세상에 들여온 그 순간부터 그들은 죽음을 향한 일방통행의 여정에 들어섰고, 그 죽음은 한때 완전했던 창조 세계 위에 긴 그림자를 드리우기 시작했다.

장 칼뱅은 창세기 2장 17절에 대한 주석에서 이렇게 말했다. "인간이 이 땅에 머무는 동안 겪게 되는 온갖 고통과 비참함은 마치 죽음 속으로 들어가는 입구와 같으며, 결국 죽음이 인간을 완전히 삼켜버린다."[9] 즉, 아담이 타락한 바로 그 순간부터 "죽음이 그 안에서 다스리기 시작한 것"이다.[10]

그런데 이렇게 명백하게 죽음이 세상에 도입되었다는 사실이 하나님에 의해 이루어졌다는 점은 중요한 신학적 함의를 가진다. 세상에 임한 죽음의 저주는 하나님의 저주이며, 이는 마르틴 루터가 말한 "마귀는 하나님의 마귀다"라는 표현과도 유사한 맥락에서 이해될 수 있다. 다시 말해, 하나님이 그들을 다스리시는 것이지, 그들이 하나님을 다스리는 것이 아니다. 하나님은 저주의 일부가 아니시며, 악한 일에 연루되시는 분도 아니다. 하나님은 이 세상을 온전히, 그리고 완전하게 다스리시는 분이다.

다음 장에서는 시편 23편이 우리에게 주는 가장 큰 위로를 생각하며, "사망의 음침한 골짜기"에 대한 묵상을 계속 이어가려 한다.

그러나 이 장의 핵심은 시편을 천천히 살펴보며, 우리가 반드시 붙들어야 할 진리를 마음 깊이 새기는 데 있다. 그 진리란 바로 양의 죽음이나 그 그림자를 마주하게 되는 모든 순간조차도 하나님의 뜻과, 사랑 많으신 아버지이신 그분의 돌보심 밖에 있지 않다는 확신이다.

이 글을 읽고 있는 당신이 지금 지나고 있는 그 골짜기가 하나님의 골짜기이며, 그곳으로 당신을 인도하신 분이 선한 목자 되신 예수님이심을 알게 되기를 기도한다. 지금 이 순간, 당신은 어느 때보다도 길을 잃은 듯하고, 마치 죽음의 장막 같은 짙은 어둠 속에 갇혀 있는 것처럼 느껴질지도 모른다. 그러나 당신 곁에 계신 주 예수님은 결코 길을 잃을 분이 아니시며, 당황한 채 무엇을 해야 할지 몰라 머리를 싸매고 계시는 분도 아니다.

어쩌면 당신의 신학적 틀 안에는 아직 '모든 일, 심지어 모든 골짜기마저도 하나님의 뜻 안에 있다'는 이해가 자리 잡지 않았을 수도 있다. 그러나 우리는 반드시 그것을 깨달아야 한다. 하나님께서 그 골짜기를 다스리고 계시지 않다면, 어떻게 당신을 그 골짜기에서 건져내실 수 있겠는가.

리랜드 라이켄(Leland Ryken)은 시편 23편의 주제를 "하나님의 섭리 안에서 누리는 만족"이라고 요약한다.[11] 이 때문에 수 세기 동안 그리스도인들은 삶의 모든 상황 속에서 하나님께서 자신의 백성을 어떻게 돌보시는지를 깊이 고민해 왔다. 그리고 그 가운데서 드러난 가장 신실한 고백은, 하나님께서 우리를 기쁨으로 이끄시는 것만큼이나 고통 속으로도 인도하신다는 것이었다.

다시 한 번, 하이델베르크 요리문답을 살펴보자. 이번에는 하나님의 섭리에 대한 정의다.

가장 어두운 순간, 가장 가까이에

제10주

27. 하나님의 섭리란 무엇을 의미합니까?

하나님의 섭리란, 하나님께서 전능하시며 우리와 항상 함께하시는 능력으로, 그분이 마치 손으로 붙드시듯 하늘과 땅과 모든 피조물을 지탱하시고, 낙엽 하나, 풀잎 하나, 비와 가뭄, 풍년과 흉년, 먹을 것과 마실 것, 건강과 질병, 번영과 가난, 곧 이 모든 일이 우연히가 아니라 하나님 아버지의 손길에 의한 것임을 인정하는 것입니다.

28. 하나님의 창조와 섭리를 아는 것이 우리에게 어떤 유익을 줍니까?

그 지식을 통해 불행한 일이 닥칠 때 인내할 수 있고, 좋은 일이 있을 때 감사할 수 있으며, 미래에 대해서는 신실하신 하나님 아버지를 신뢰함으로 담대한 소망을 가질 수 있습니다. 어떤 피조물도 하나님의 뜻 없이는 움직일 수도, 우리를 움직이게 할 수도 없기 때문입니다.

오래전, 나는 존 파이퍼가 청소년 사역자들에게 이렇게 조언하는 것을 들었다. "청소년에게 줄 수 있는 최고의 선물은 '크신 하나님 신학(Big God Theology)'이다." 하이델베르크 요리문답의 말씀은 바로 그 크신 하나님을 우리에게 보여준다. 이 하나님은 성경 이야기의 처음부터 끝까지, 모든 장면에 계신다.

아담과 하와의 타락은 하나님을 놀라시게 한 돌발적인 사건이 아니었으며, 하나님께서 갑작스럽게 대책을 세우셔야 했던 예기치 못한 상황도 아니었다. 하나님은 예수님을 '플랜 B'로 보내신 것이 아니다. 예수님은 창세 전부터 죽임당하신 어린양으로 오셨다(계 13:8). 이것이 바로 아모스 3장 6절에 나오는 하나님이시다. 그 구절에서 선지자는 이렇게 묻는다.

> 여호와의 행하심이 없는데 재앙이 어찌 성읍에 임하겠느냐

하나님은 세상에서 일어나는 모든 일, 그야말로 모든 일의 배후에 계신다. 그러나 하나님은 선과 악에 동일한 방식으로 관여하시지는 않는다. 한 도시에 재앙이 닥친다면 그

것은 언제나 주께서 행하신 일이지만, 동시에 하나님은 결코 악의 근원이 아니시며, 인간이 행한 악으로 인해 그분의 영광이 더럽혀지는 일은 없다. 하나님은 모든 것을 주권적으로 다스리시는 분이며, 그분 자신은 언제나 거룩하고 흠 없으신 분으로 남아 계신다.

이 모든 진리는, 우리의 목자 되신 예수님께서 친히 걸으신 골짜기에서 가장 분명하게 드러난다. 예수님은 그 생애 전체를 통해 가장 깊은 어둠의 자리, 곧 십자가에서의 희생적인 죽음에 이르기까지 그 길을 걸으셨다.

누가복음에는 예수님을 따르겠다고 자신 있게 말하는 한 인물이 등장한다. "어디로 가시든지 나는 따르리이다"(눅 9:57). 그러나 이 고백은, 예수님을 따르겠다는 이들이 정작 예수님께서 어디로 가시는지를 알지 못한 채 한 말이었다는 점이 문맥에서 분명히 드러난다.

오직 예수님만이 자신이 죽음을 향해 가고 있다는 사실을 알고 계셨다. "예수께서 예루살렘을 향하여 가시기 때문에 그들이 받아들이지 아니 하는지라"(눅 9:53). 수도 예루살렘, 곧 성전이 있는 그곳은 목자이신 예수님께서 더 깊은 골짜기로 내려가시는 여정의 일부였다. 예수님은 자신이 이 땅에 오신 목적을 기꺼이 받아들이셨다. "지금 내 마음이 괴로우니 무슨 말을 하리요 아버지여 나를 구원하여 이 때를 면하게 하여 주옵소서 그러나 내가 이를 위하여 이 때에 왔나이다"(요 12:27). 죽음의 그림자는 예수님께서 태어나시기 전부터 그분의 삶을 에워싸고 있었다(마 1:21). 그리고 마지막 순간에는 한낮에 임한 어둠이라는 충격적인 재앙 속으로 들어가셨다(마 27:45). 그러나 **그와 동시에** 주 예수님의 죽음은 놀라운 진리를 드러낸다. 그분이 겪으신 골짜기의 경험은 "법 없는 자들"(행 2:23)의 손에 의해 이루어진 것이며, 그분을 빌라도 앞에서 부인하고 사형에 넘긴 비열한 행위의 결과였다(행 3:13). 동시에 이 일은, "하나님께서 정하신 뜻과 미리 아신 대로"(행 2:23) 일어난 일이었다. 사망의 음침한 골짜기를 평생 걸으신 목자께서 십자가에서 처형되신 사건은, 하나님께서 자신의 자녀들을 어떻게 인도하시는지를 보여 주는 성경 속 가장 극적인 본보기이다.

> 당신들은 나를 해하려 하였으나 하나님은 그것을 선으로 바꾸사(창 50:20)

우리를 인도하시는 목자께서는 죄인들의 손에 의해 죽음의 자리로 내몰리셨고, 그 죽음에 이르는 길은 하나님께서 인류에게 상상할 수 없는 선물을 가져오신 길이었다. 목자의 주권과 그분의 섭리적 돌보심이 삶의 모든 걸음마다 함께하신다는 깊은 믿음이 있었기에, 다윗은 골짜기를 **지나간다고** 노래할 수 있었다. 지나간다. 지금 당신이 지나고 있는 골짜기—그것이 우울이든, 죽음이든, 혹은 수없이 다양한 어둠의 형태 중 하나이든—그곳은 목적지가 아니라 여정의 일부이다.

예수님께 있어 그 길은 성육신의 낮아지심과 속죄의 십자가였고, 그 뒤에는 영광의 왕관이 따랐다. 우리에게도 목자와 함께 걷는 길은 현재에는 고난이지만, 그 이후에는 영광이 기다리고 있다. 그러나 어떤 골짜기를 지나고 있든지 간에, 당신은 그 안에 머무르고 있는 것이 아니라 **지나가는** 중이다. 예수님은 앞서가고 계시되, 길을 묻는 분이 아니시며, 길을 잃는 분도 아니시다. 그분은 당신을 어디로 인도하는지 아시며, 그 길을 어떻게 지나야 할지도 알고 계신다. 왜냐하면 그 골짜기는 그분께서도 걸어가신 길이기 때문이다. 당신보다 앞서 당신을 위해 그분이 먼저 그 길을 지나가셨다.

"걷는다"(walk)라는 이 짧은 단어에 주목해보자. 우리가 어둠 속에서 보통 어떻게 행동하는지를 떠올려보면, 왜 찰스 스펄전이 시편 23편 4절의 모든 단어가 중요한 의미를 담고 있다고 말했는지를 이해할 수 있을 것이다.

내 자녀들이 어렸을 때, 이유는 알 수 없지만 밤이 되면 집 안의 위층이 마치 무언가 위협적이고 위험한 장소처럼 느껴지곤 했다. 낮에는 아무렇지도 않게 드나들던 공간이었지만, 해가 지고 나면 삐걱거리는 마룻바닥, 비어 있는 방들, 침대 밑이나 옷장 뒤의 어두운 틈새들은 어린아이들의 마음에 음산한 존재감을 드리웠다. 밤에 아이들에게 무언가를 위층에 가져다 놓거나 꼭대기층에서 가져오라고 심부름을 시키면, 아이들은 계단 앞에서 선택의 기로에 서곤 했다. 불을 켜고 조심조심 올라갈 것인가, 아니면 불을 끄고 어둠 속을 전속력으로 질주해 다녀올 것인가. 이 '미션'을 수락한 아이들에게 주어진 목표는 분명했다. 지상의 끝, 비치그로브 애비뉴 10번지의 위층 끝자락 어둠 속에 숨어 있는 심연의 괴물들에게 잡히기 전에, 어둠을 뚫고 무사히 돌아오는 것이다.

가장 어두운 순간, 가장 가까이에

물론 지금은 아이들이 위층에 올라가는 일을 그토록 두려워하던 모습을 떠올리며, 그 순진한 두려움에 미소 지을 수 있다. 하지만 그 모습은 사실 우리 모두가 정체를 알 수 없는 것이나 통제할 수 없는 상황 앞에서 어떻게 반응하는지를 고스란히 보여주는 하나의 그림이기도 하다.

가장 짙은 어둠 속을 묵묵히 **걸어가는** 사람은 어떤 사람일까? 그 어둠을 두려워할 이유가 없는 사람, 바로 그런 사람만이 그렇게 걸을 수 있다.

목회자로서 나는 참으로 많은 특권을 누리고 있고, 그 특권의 대부분은 하나님께서 우리 교회 공동체 안에서 허락하신 다양한 관계들과 연결되어 있다. 그러나 그중에서도 가장 큰 경외심을 불러일으키는 순간은, 자신의 목자를 따라 어둠 속으로 들어갈 준비가 되어 있는 양들을 만날 때이다. 찰스 스펄전은 이에 대해 다음과 같이 말한다.

"**내가 다닐지라도**"라는 표현은 믿는 자가 죽음에 이를 때, 걸음을 재촉하지 않고 여전히 하나님과 함께 침착하게 **걸어간다는** 의미다. 걷는다는 것은 자신의 길과 그 끝을 알고 있으며, 그 길을 따르기로 결심하고, 안전하다는 확신 속

에서 완전히 평온하게 나아가는 영혼의 꾸준한 전진을 뜻한다.[12]

죽음을 두려워하지 않는 영혼의 걸음을 지켜보는 일은 인생에서 누릴 수 있는 가장 큰 특권 중 하나이다. 그런 안식은 지금 걷고 있는 이 길이 목자의 길이며, 그분이 언제나 인도하신다는 확신에서 나온다. 찰스 스펄전은 이렇게 말했다. "많은 성도가 살아 있을 때보다 죽음을 앞둔 순간에 더 큰 기쁨과 깨달음을 얻는다." 그 평안은, 이 길이 목적지가 아니라 지나가는 길이라는 진리에서 비롯된다. "골짜기를 **걷는다**"가 아니라, "골짜기를 **지나간다**"는 점을 주목하라. 우리는 죽음이라는 어두운 터널을 지나, 영원한 생명의 빛 속으로 나아가는 것이다."[13]

시편 23편은 양의 안전이 모든 것을 아우르는 안전임을 보여준다. 우리가 진정으로 안전하다고 느낄 수 있는 이유는, 지금 우리가 걷고 있는 이 길이 목자의 길이라는 사실을 알고 있기 때문이다. 이 길은 단지 하나님께서 우리를 인도하시는 한 방식이 아니라, 그분이 우리를 소유하신다는 사실의 증거다. 우리는 그분의 것이기에, 두려움에 쫓겨 달리지 않고, 신뢰 속에서 담담히 걸을 수 있다.

하지만 무엇보다 중요한 것은 양의 안전이 목자의 임재에서 비롯되며, 목자의 도구들에서도 주어진다는 사실이다. 이제 그 임재와 도구들이 어떻게 우리에게 위로와 확신을 주는지 하나씩 살펴보자.

가장 어두운 순간,
가장 가까이에서

우리 가족은 자주 회색곰의 공격을 물리친다.

물론, 상상 속에서 말이다.

최근 우리 가족은 TV 인기 시리즈 "Alone"(나 홀로)에 푹 빠져 있다. 만약 인간의 한계를 시험하는 이 놀라운 프로그램을 아직도 보지 않았다면, 꼭 추천하고 싶다. 이 프로그램은 참가자들을 외딴 오지에 고립시켜, 전적으로 혼자서 가능한 한 오래 살아남도록 하는 생존 리얼리티 쇼다.

참가자는 자신의 일상을 기록할 수 있는 카메라 한 대만

들고 전기도 없고 사람도 없는 야생에서 버텨야 한다. 자연은 때로 놀라울 만큼 아름답지만, 동시에 매우 냉혹하다. 회색곰과 퓨마, 독초, 혹한이 그들의 유일한 동료가 된다. 가장 오래 버티는 최후의 한 사람이 거액의 상금을 차지하는데, 결말은 대개 비슷하다. 참가자들은 하나둘 다양한 방식으로 자연에 굴복한다. 그들은 점점 이 경험을 감당하기 어려워하고, 결국 더는 계속할 수 없다고 방송 제작팀에 무전을 보낸다. 그러면 곧 구조되어, 안전하게 집으로 돌아간다.

우리 가족이 이 프로그램을 보며 특히 즐거워하는 이유 중 하나는, 서로를 놀려대며 누가 가장 먼저 탈락할지 상상해보는 게 너무 재미있기 때문이다. 탈락 이유는 정말 각양각색이다. 누구는 파리 한 마리에도 소스라치게 놀라니 곰을 마주치면 말할 것도 없이 탈락이고, 또 누구는 잠잘 때를 제외하곤 계속 대화를 나누지 않으면 못 견디는 성격이라 탈락할 게 뻔하다. (사실, 잘 때도 말을 멈추지 않는 것 같다.) 우리는 각자 자신은 끝까지 살아남겠지만 다른 가족은 하룻밤도 못 버틸 거라고 믿는다.

하지만 꼭 알아두어야 할 점이 있다. 이 프로그램에 참가하는 사람들은 그저 모험심에 참가한 일반인이 아니라, 최고의 생존 전문가들이다. 나는 공원에서 산책을 조금만 오래 해도 배고프고 춥다며 짜증을 내지만 이 프로그램의 출연자들은 나 같은 사람들이 아니다. 이들은 사냥하고, 덫을 놓고, 동물을 잡고, 불을 피우고, 피난처를 만들고, 바람과 물과 얼음과 눈을 막아내며, 극한의 자연 속에서 살아남는 법을 아는 사람들이다.

그런데도 그들은 모두 한 명씩 천천히 무너져간다. 극도로 위험한 환경에서 완전히 혼자 있다는 사실 자체가 주는 잔혹함 때문이다. 그리고 바로 그 점이 이 프로그램이 정말 매력적인 이유이다. 누군가는 카메라 앞에서 과거의 슬픔을 떠올리며 풀리지 않은 관계의 상처를 이야기하고, 또 누군가는 음식을 찾기 위해 고군분투하다 점점 사람 같지 않은 모습으로 변해간다. 결국, 모두가 집에 있는 사랑하는 이들을 향한 그리움을 숨기지 못한 채 집에 가고 싶다고 말하게 된다.

우리는 거실 소파에 편하게 앉아 가장 가까운 이들과 함께 누군가가 완전히 혼자 있는 상태에서 마주하게 되는 인간 영혼의 깊은 균열을 지켜본다.

이 프로그램은 우리로 하여금 완전히 혼자 있는 것이 인간이 겪을 수 있는 가장 큰 고통 중 하나라는 사실을 피부로 느끼게 만든다. 하버드 대학교에서 오랜 시간에 걸쳐 진행한 고독에 관한 연구는 최근 이런 결론을 내렸다. "외로움은 사람을 죽인다. 담배나 알코올중독만큼이나 강력하다."[1]

바로 그렇기 때문에, 시편 23편의 중간 부분에서 울려 퍼지는 이 신앙 고백은 더욱 아름답고 의미 있게 다가온다.

> 해를 두려워하지 않을 것은 주께서 나와 함께 하심이라(4절)

다음 장에서는 다윗이 어떻게 목자의 임재 안에서 마음의 힘을 얻었는지를 살펴볼 것이다. 특히 그의 시선을 붙든 구체적인 요소들인 목자의 손에 들린 지팡이와 막대기를 통해 그가 두려워하지 않을 수 있었던 이유를 풀어갈 것이다. 하지만 지금 이 순간만큼은 그저 목자가 함께 계신다는 이 단순한 사실이 주는 풍성함 속에 잠시 머물러보자.

짙은 어둠의 골짜기를 지나가면서도 두려워하지 않을 수 있다는 것, 그저 혼자가 아니라는 사실 하나만으로 그럴 수 있다는 것은 참으로 놀라운 일이다. 시편 23편에는 다음과 같이 세 가지 위대한 신앙 고백이 등장한다.

- "내게 부족함이 없으리로다"(1절)
- "해를 두려워하지 않을 것은"(4절)
- "여호와의 집에 영원히 살리로다"(6절)

이 가운데 4절은 시편의 정중앙에서 울려 퍼지는 신앙 고백이다. 그리고 바로 이 순간, 우리는 처음으로 **목자에 대해** 말하던 자리에서 **목자에게** 직접 말하는 자리로 전환하게 된다. 다시 말해, 3인칭 "그는"에서 2인칭 "주께서"(당신께서)로 시선이 옮겨지는 것이다. 누군가에 대해 말하는 것과, 그 사람을 직접 부르는 것은 전혀 다른 차원의 관계를 보여준다.

"그가 나와 함께 있다"는 말도 귀하지만, "주께서(당신께서) 나와 함께 하십니다"라는 고백에는 훨씬 더 인격적인 친밀함이 담겨 있다. 3인칭으로 말할 때 우리는 여전히 무리 속 한 마리 양으로서 목자의 돌보심을 누리는 자리에 머무르게 되지만, 2인칭으로 고백할 때는 목자와의 개인적인 관계 중심에 서게 되는 것을 경험한다. 그리고 이 믿음의 중심에서 다음과 같은 고백이 선명하게 울려 퍼진다. **"이것은 당신과 나 사이의, 철저히 개인적인 이야기입니다. 내가 누리는 가장 깊은 위로는 바로 당신이 나와 함께하신다는 사실입니다."**

가장 어두운 순간, 가장 가까이에

선한 목자의 임재가 주는 위로는, 우리가 어둠의 현실과 악의 존재를 진지하게 받아들일 때 비로소 더 가까이 다가온다. 여기서 분명히 해야 할 중요한 사실이 있다. 다윗이 "주께서 나와 함께하십니다"라고 고백할 때, 그것은 어둠이 사라지고 방 안이 빛과 기쁨으로 가득 찼다는 의미가 아니다.

다윗은 목자의 임재가 악을 제거하거나 어둠을 없앤다고 말하지 않는다. 오히려 지금 내 앞에 놓인 어둠과 악이 실제로 존재하지만, "주께서 나와 함께하시기 때문에" 나는 그것들을 두려워하지 않겠다고 선언하는 것이다. 위로는 위험이 사라졌기 때문에 주어지는 것이 아니라, 바로 그 위험의 한가운데에서 함께하시는 목자의 임재로부터 오는 것이다.

이것은 결코 사소한 일이 아니다. 시편 23편 4절을 해석함에 있어, 찰스 스펄전의 견해와는 다른 관점을 조심스럽게 제시하고자 한다. 스펄전은 "그림자는 물지 못하고 죽이지도 못하며 파괴할 수도 없다"고 말하며, "그림자가 존재한다는 것은 반드시 그 그림자를 만드는 빛, 즉 태양이 있다는 뜻이니 두려워하지 말자"고 권면한다.[2] 이 말은 설교에서 인상적으로 들릴 수 있지만, 자칫하면 본문의 의미를 뒤

집는 해석이 될 수 있음을 경계해야 한다.

아무리 은유적인 해석이라 해도, 본문의 맥락과 어긋나는 방식으로 접근하면 시편의 메시지를 흐릴 수 있다. 시편 23편 4절은 우리가 두려워하지 않아도 되는 이유가 그림자 자체가 해가 없기 때문이라고 말하지 않는다. 오히려 이 구절은, 그 그림자의 골짜기가 실제로 두려운 장소이며, 악이 도사릴 수 있고, 심지어 파멸적인 위험이 존재할 수도 있다는 사실을 전제하고 있다. 그럼에도 우리가 두려워하지 않을 수 있는 이유는 그 길이 안전해서가 아니라, 바로 그 자리에서 우리와 함께하시는 분이 계시기 때문이다.

다윗은 지금 그림자에 대한 진리를 묵상하고 있는 것이 아니다. 그는 자신의 목자에 대한 진리를 선포하고 있다. 어둠의 골짜기에서 두려워하지 않을 수 있는 이유는, 그림자가 해롭지 않기 때문이 아니라, 목자가 누구이신지, 그분이 우리를 어디로 어떻게 인도하시는지, 지금 어디에 계시는지, 그 손에 무엇을 들고 계시는지, 어떻게 우리를 맞이하시며, 무엇을 보내시고 어디로 초대하시는지에 달려 있다. 이것이 바로 참된 능력의 임재가 나를 향하고 있는 상태에서 나의 모든 필요를 하나하나 채우시며, 집으로 향하는 긴 여

가장 어두운 순간, 가장 가까이에

정 가운데 선을 베풀어주시는, 인격적이고 세심한 돌보심 속에서 누리는 참된 위로다.

두려움에 떨고 있는 양에게 "예수님이 함께하시니 이제 더는 위험도 없고, 무서운 그림자도 사라져야 한다"고 말하는 것은 오히려 그에게 큰 해를 끼칠 수 있다. 이런 점에서 시편 23편 4절에 대한 해석은, 스펄전보다는 칼뱅이 더 깊은 통찰을 제공한다고 볼 수 있다. 칼뱅은 "내가 해를 두려워하지 아니하리니"라는 고백이 아름다운 이유는, 다윗이 혼자 내버려졌다면 분명히 두려워했을 것이라는 사실에 있다고 말한다. 그의 해석은 골짜기에서 떨고 있는 양의 연약함에 대한 이해에서 비롯된다.

칼뱅은 시편 23편 4절 후반부에 주목한다. 만약 다윗이 "주의 지팡이와 막대기가 나를 안위하시나이다"라고 고백했다면, 그것은 그가 실제로 두려움에 휘청이고 불안해하고 있었기 때문이 아니겠느냐고 묻는다.[3] 그리고 그는 이렇게 해석한다. 다윗이 여기서 전하고 있는 것은, 하나님의 보호 아래에서 자신을 점차 하나님께 맡기면서 배운 개인적인 체험이며, 결국 그가 가진 자연스러운 두려움을 하나님께 가지고 나아갔다는 것이다.[4]

그 장면은 이렇다. 사방에 위험이 도사리고 있는 골짜기 한가운데서 한 마리 양이 떨고 있다. 그러나 그 순간 양은 목자의 목소리를 듣고, 그분의 임재를 기억하며, 지팡이와 막대기의 존재를 느낀다. 그리고 서서히 진정된다. 바로 그 때 비로소 "두려워하지 않는다"는 고백이 깊고도 진실하게 울려 퍼진다.

이 글을 읽는 많은 사람들이 목자와 함께 골짜기를 걷고 있다. 그리고 그 여정에서 그분의 보호 아래 자신을 온전히 맡기는 법을 조금씩 배워가고 있다. 특히 지금 깊은 어둠 속을 지나고 있다면, 이 책을 읽는 동안 당신 곁에 계신 분이 누구이신지를 깊이 되새기기를 바란다. 시편 23편은 어둠의 현실을 외면하거나 부정하지 않는다. "사망의 음침한 골짜기"는 단지 상징적인 표현이 아니라 영혼을 압도하고, 혼란에 빠뜨리며, 의지를 꺾고, 공포와 경악으로 가득 채우는 고통의 자리이다.[5]

마치 "공포의 왕"이라 불리는 죽음이 다가올 때, 인간 본성의 가장 깊은 곳에서부터 떨림이 몰려오는 것과 같다. 죽음은 '공포의 왕'일지 모르지만, 그 왕은 자신보다 앞서 명령을 수행하는 수많은 하인들을 거느리고 있다. 그래서 우리는 실제로 죽음을 맞이하기도 전에, 그 그림자 아래에서 수없이 많은 '작은 죽음들'을 겪는다.

존 번연은 그의 저서 『천로역정』에서 사망의 음침한 골짜기를 묘사하며, 그리스도를 향한 순례자의 현실을 강렬하게 드러낸다.

> 이 골짜기는 매우 외로운 곳이었고, 예레미야 선지자가 묘사한 대로, "광야, 곧 사막과 구덩이 땅, 건조하고 사망의 그늘진 땅, 사람이 그 곳으로 다니지 아니하고 그 곳에 사람이 거주하지 아니하는 땅"(렘 2:6)이다.

이 음침한 골짜기에서 주인공 '크리스천'은 아폴리온과 싸울 때보다 더 큰 고통을 겪게 된다.[6]

내가 가지고 있는 삽화판 『천로역정』 속 사망의 골짜기는, 병원에 입원해 있던 친구가 말한 것처럼 '앞구르기조차 할 수 없는 곳'이다. 이 골짜기의 실상은 상상보다 훨씬 더 극적이고 두렵다. 길은 마치 뱀처럼 구불구불하게 이어지고, 깊은 협곡 사이를 가로지른다. 좌우로는 끝이 보이지 않는 낭떠러지가 펼쳐지고, 책 페이지를 간신히 비추는 유일한 빛은 지옥의 입구에서 새어 나오는 희미한 불빛뿐이다. 곳곳에는 덫과 치명적인 함정이 도사리고 있고, 해골과 으스러진 뼈들이 산더미처럼 쌓인 동굴의 입구가 바로 눈앞에 있다.

어쩌면 지금 당신이 걷고 있는 길도 그런 골짜기일지 모른다. 빛은 보이지 않고, 벗어날 길도 없는 것 같은 그곳으로 주께서 당신을 인도하고 계신 것처럼 느껴질 수도 있다. 하지만 이것은 결코 존 번연의 과장이나 공포 조장이 아니다. 오히려 성경 전체를 살펴보면, 이집트에서 약속의 땅으로 향하는 여정이 단순히 '광야의 길'로만 묘사되지 않는다는 사실은 매우 흥미롭다.

> 사막과 구덩이 땅, 건조하고 사망의 그늘진 땅, 사람이 그 곳으로 다니지 아니하고 그 곳에 사람이 거주하지 아니하는 땅(렘 2:6)[7]

시편 23편 4절은 우리를 다시금 출애굽의 은유적 세계로 이끈다. 믿음의 삶은 고통으로 가득한 이 세상을 지나, 약속의 땅을 향해 나아가는 여정으로 그려지며, 이 길은 곧 새 창조를 향한 순례의 여정이다. 이 구절에 등장하는 "해(evil)"라는 단어는 단순히 도덕적인 악에만 국한되지 않는다. 이 표현은 그 의미가 열려 있어, 이 세상에 존재하는 모든 '옳지 않은 것들', 곧 깨어진 현실 전반을 포괄한다.[8]

이러한 해석은 우리가 새 하늘과 새 땅을 향해 나아가는 여정을 이해하는 데 매우 유익하다.

누군가의 악행으로 인해 노골적인 악에 휘말릴 때든, 혹은 단지 세상의 '정상이 아닌 것들', 이를테면 병, 고통, 혼란, 상실에 짓눌려 숨이 막히는 듯한 현실을 살아갈 때든, 시편 23편 4절은 그런 골짜기 같은 순간들을 결코 부인하지 않는다.

그 모든 현실에도 불구하고, 아니 어쩌면 바로 그렇기 **때문에**, 다윗이 시편 23편 4절에서 들려주는 고백은 더욱 큰 울림을 준다. 그는 이 모든 어둠과 두려움을 외면하지 않는다. 오히려 그 한가운데서 이렇게 고백한다. "내가 해를 두려워하지 않을 것은 **주께서 나와 함께 하심이라**."

앞에서 언급했던 TV 프로그램 "Alone"을 다시 떠올려보면, 이 장면이 한층 더 와닿을 수 있다. 이 프로그램에서 가장 긴장감 넘치는 순간 중 하나는, 참가자들이 밤에 치명적인 야생 동물의 위협을 받는 장면이다. 극적인 연출답게 화면에는 주로 바스락거리는 소리나 낮게 울리는 으르렁거림만 들리고, 야간 투시 카메라에는 텐트 안에서 공포에 질린 참가자의 얼굴만이 비친다. 동시에 내레이션은, 회색곰이나 퓨마 같은 맹수가 어둠 속에서 텐트 주위로 다가오고 있다는 사실을 조용하고 침착하게 전달한다. 보이지 않는 위협은 긴장감을 더욱 고조시키고 두려움을 극대화한다.

그런데 이런 장면들을 보면서도 우리 가족은 오히려 자신감에 더 불타오르곤 한다. 각자 "만약 나였다면 어떻게 대처했을까?"를 진지하게 상상하면서 전혀 무섭지 않을 거라고 말하고, 공격자를 쫓아낼 완벽하고도 확실한 방법들을 줄줄이 늘어놓는다. 그래서 어느 날 밤, 차를 타고 시내 중심가를 지나던 중, 나는 아이들의 그 대단한 용기를 조금 시험해보기로 마음먹었다.

도시의 스카이라인을 배경으로 우뚝 서 있는, 크지만 오래되고 낡은 건물 옆을 지나가고 있을 때였다. 그 건물은 우리 가족이 예전에 실제로 들어가본 적이 있었고, 어둡고 음산한 복도의 분위기를 직접 체험했던 곳이다. 나는 슬쩍 아이들에게 물었다. "지금 당장 저 건물 안으로 들어가서 혼자 밤을 보내볼 사람?"

차 뒷좌석에서는 완벽한 침묵이 흘렀다.

나는 속도를 줄이며 그 건물의 음산한 그림자 옆을 천천히 지나쳤다. 모두가 말없이 창밖만 바라보았다. 나는 판을 키웠다. "지금 당장 저 안에 들어가서 혼자 밤을 지새우면 백만 파운드를 줄게. 누가 할래?"

놀랍게도 여전히 뒷좌석에서는 아무 대답도 없었다. 방금 전까지만 해도 "Alone"의 열혈 팬으로서 용기를 뽐내던 아이들이, 막상 **진짜 혼자**가 되는 상황 앞에서는 선뜻 나서지 못했다.

잠시 후 다시 물었다.

"그럼, 내가 같이 있어 준다면 아무 대가없이 할 사람?"

이번에는 아이들이 일제히 외쳤다.

"저요, 저요!"

분위기는 단번에 부드러워졌고, 우리는 웃으며 서로를 놀리기 시작했다. "우린 진짜 세상에서 제일 쓸모없는 탐험가들이야!" 하고 말하며 장난을 주고받다 웃음을 터뜨렸다.

(물론, 용감하고 대담하며 두려움을 모르는 영웅인 아빠만큼은 그 평가에서 예외라는 점에 대해서는 아무도 이견이 없었다.)

시편 23편 4절의 의미도 바로 여기에 있지 않을까? 목자는 우리를 인생의 골짜기 앞에 데려다 놓고 혼자 가라고 떠미시는 분이 아니다. 그저 앞에서만 인도하시는 것이 아니라, 곁에서 함께 걸으신다.[9] 1-3절에서는 목자가 앞서 걸으며 우리를 이끄신다. 하지만 4절에 이르면, 그분은 우리 곁으로 다가오신다. 어둠 속에서 누군가가 함께 있다는 것, 그것 하나면 충분하지 않은가? 그 사실만으로 모든 것이 달라진다.

앞서 살펴본 것처럼, 히브리어 원문에서 시편 23편의 정확한 중심 구절은 바로 "주께서 나와 함께 하심이라"라는 문장이다. 영어권 사고방식은 일반적으로 가장 중요한 메시지를 마지막에 배치하고 절정으로 이끌어가는 구조를 선호하지만, 히브리적 사고는 중심에 핵심을 두고, 그 의미를 밖으로 확장해나가는 방식으로 전개된다. 시편 23편 역시 바로 그런 구조를 따르고 있다.

이 시편 전체는 가장 위대하시고, 가장 강하시며, 동시에 가장 온유하고 관대하신 목자가 우리와 함께하신다는 놀라운 고백을 중심에 둔다. 우리에게 목자가 있다는 사실만으로도 충분히 경이롭지만, 그 목자가 다름 아닌 "여호와", 곧 자존하시며 언약에 신실하신 하나님, 우리가 예수 그리스도 안에서 알게 되고 사랑하게 된 바로 그분이라는 사실은 더할 나위 없이 경이로운 일이다. 그리고 그 경이로움의 절정은, 그분이 멀리 계신 분이 아니라 지금 바로 이 자리에서 **우리와 함께하신다**는 것이다.

마르틴 루터는 "시편은 작은 성경이며, 구약의 요약본이다"라고 말했다.[10] 성경 전체의 거대한 이야기가, 그 안의 더 작은 부분에 고스란히 담겨 있을 수 있다는 사실을 잘 보여주기 때문이다. 루터의 말처럼, 시편 전체가 '작은 성경'이라면, 나는 시편 23편 4절이야말로, 성경 속 작은 성경 안에 담긴 또 하나의 '작은 성경'이라고 말하고 싶다.

"주께서 나와 함께 하시니(You are with me)." 성경 전체의 메시지를 단 네 단어로 요약할 수 있다는 것은 대단한 일이다.[11] 주께서 나와 함께하신다는 이 말씀은 성경 전체를 관통하는 이야기다.

- 에덴동산에서 하나님은 아담과 하와와 함께 거하셨다 (창 3:8).
- 호렙산에서 하나님은 모세에게 "내가 반드시 너와 함께

있으리라"고 약속하셨다(출 3:12).

- 시내산에서는 하나님께서 이스라엘과 함께 장막에 거하시며, 모세와는 "사람이 자기의 친구와 이야기함 같이" 말씀하셨다(출 33:11).
- 약속의 땅에 들어간 뒤에는 하나님께서 성전 안에 거하시며 그들과 함께하셨다(왕상 8:11).
- 예수님 안에서 하나님은 임마누엘, 곧 우리 가운데 거하시는 하나님으로 친히 이 땅에 오셨다(요 1:14).
- 예수님께서 떠나시기 전 제자들을 위해 성령을 보내셔서 우리 안에 거하시도록 하셨다(요 14:15-17).
- 예수님은 제자들에게 약속하셨다. "내가 세상 끝날까지 너희와 항상 함께 있으리라"(마 28:20).
- 마지막 날, 새 하늘과 새 땅에서는 하나님께서 다시 영원히 그의 백성과 함께 거하실 것이다. "보라 하나님의 장막이 사람들과 함께 있으매 하나님이 그들과 함께 계시리니 그들은 하나님의 백성이 되고 하나님은 친히 그들과 함께 계셔서"(계 21:3).

이 글을 읽으며, 하나님께서 그분의 백성과 함께하신다는 사실에서 큰 위로를 얻게 되기를 바란다. 시편 23편 4절이 우리에게 큰 힘이 되는 이유는, 그 말씀이 어떤 새로운 메시지를 말하기 때문이 아니다. 오히려 그 한 구절은, 성경 전체가 길고 장황하게 펼쳐 보이는 진리를 단 몇 마디의 고백으로 아름답게 응축하고 있다. "주께서 나와 함께하심이라"라는 이 짧은 고백 안에는, 하나님과 동행하는 삶의 본질이 담겨 있다.

당신과 늘 함께하시는 목자가 계신다. 예수 그리스도, 즉 당신의 목자이시며, 왕이시고, 구주 되시는 그분은, 지금 당신이 지나고 있는 그 골짜기 한가운데서 당신과 함께 계신다. 그리고 당신이 그곳에 머무는 동안 단 한순간도 당신 곁을 떠나지 않으실 것이다. 주께서는 결코 당신을 홀로 내버려두지 않으시며, 어떤 순간에도 당신을 외면하지 않으신다.

많은 그리스도인이 하나님께서 예수 그리스도 안에서 우리와 함께하신다는 이 위대한 진리가 담고 있는 사랑의 깊이를 온전히 이해하지 못한 채 살아간다. 우리는 하나님이 교회 전체와 함께하신다거나, 교회 안의 어떤 특별한 사람들과 함께하신다는 말은 믿는다. 그러나 "하나님이 나와 함께하신다"는 고백은 정작 쉽게 하지 못한다. '그분이 정말

나 같은 사람과 함께하실 리 없어'라는 생각이 우리 안에 보이지 않는 벽을 만들고, 그 벽은 결국 성경 전체가 이끄는 이야기에서 우리 스스로를 소외시킨다.

하지만 성경은 단지 하나님이 세상을 창조하시고 질서를 부여하셨다는 데에서 이야기를 끝내지 않는다. 하나님은 친히 그분의 세상에 오셨고, 양과 목자, 나그네와 동반자, 손님과 주인, 신부와 남편, 종과 주인, 심지어 몸과 머리처럼 우리가 일상에서 경험할 수 있는 가장 친밀하고 인격적인 관계들을 통해 자신을 드러내셨다. 성경의 중심 메시지는 이렇게 요약될 수 있다. 하나님께서 예수 그리스도 안에서 우리에게 오셨기에, 우리는 "주께서 나와 함께하십니다"라고 담대히 고백할 수 있다.

신약 성경에서 사도 바울이 사람들을 "크리스천"이라고 부르지 않는 이유가 바로 여기에 있다. 그는 그 단어를 단순히 우리가 붙이고 다니는 정체성 라벨이나 종교적 타이틀처럼 다루지 않는다. 대신 바울은 믿는 자들을 "그리스도 안에 있는 자"라고 부른다. 이는 우리의 참된 신분을 훨씬 더 정확하고 깊이 있게 드러내는 표현이다.

우리가 그리스도와 연합되어 있다는 사실은, 우리의 성별이나 국적, 나이, 키, 혹은 자신을 설명할 때 나열하는 다른 모든 특징들보다 결코 덜 실제적인 것이 아니다. 오히려 이들 중 대부분은 시간이 지나면서 달라질 수 있지만, 그리스도와의 연합은 절대 변하지 않는다. 우리가 그분 '안에' 있기 때문에 그분은 우리와 '함께' 계신다.

종종 그렇듯, 일부 청교도 선조들은 이 진리를 우리보다 더 잘 이해했던 것 같다. 토마스 굿윈(Thomas Goodwin)은 그의 저작 *The Heart of Christ in Heaven towards Sinners on Earth*(지상의 죄인들을 향한 하늘에 계신 그리스도의 마음)에서, 예수께서 제자들의 발을 씻으시고 다락방에서 하신 고별설교(요 13-17장)는 제자들을 향한 그리스도의 사랑이 넘쳐흐르는 장면이라고 묵상한다. 굿윈은 이 장면 속 예수님을 '신랑의 법'을 따르시는 분으로 묘사한다. 임재와 부재 사이를 오가는 기쁨과 고통이 이 장들 전체를 관통하는 주제로 흐르며, 그 중심에는 이런 말씀이 놓여 있다. "가서 너희를 위하여 거처를 예비하면 내가 다시 와서 너희를 내게로 영접하여 나 있는 곳에 너희도 있게 하리라"(요 14:3).[12]

굿윈에게 예수님은, 아버지 집에 신부를 위한 자리를 정성껏 준비한 뒤, 그 신부를 데리러 몸소 찾아오는 신랑과 같다. 그리고 그는 이렇게 감동적으로 덧붙인다. "그리스도는 그 사랑의 순간에 다른 사람을 보내지 않고 친히 오신다. 왜냐하면 지금은 사랑의 때이기 때문이다."

그분은 마치 이렇게 말씀하시는 것 같다. "사실 나는 너 없이 살 수 없다. 내가 있는 곳에 너를 두기 전까지는 결코 마음이 놓이지 않는다. 다시는 너와 헤어지지 않기 위해, 내가 친히 너를 데리러 오는 것이다. 하늘도, 아버지의 임재도, 너 없이는 나를 붙잡아둘 수 없다. 내 마음이 너를 향해 이토록 간절하니 내게 영광이 있다면, 너도 반드시 그 영광에 함께할 것이다."[13]

굿윈의 이 강렬한 표현은 요한복음 13-17장의 놀라운 현실을 파고들려는 시도이다. 이 장들은 성부, 성자, 성령께서 서로 나누시는 사랑과 교제를 우리에게도 나누기로 결정하셨음을 보여준다. 그분들이 서로를 사랑하시는 그 사랑이 바로 우리를 향한 사랑이며, 그분들이 서로의 임재 속에 있기를 간절히 원하시는 그 갈망이, 우리 또한 그분들과 함께 있기를 원하시는 동일한 갈망이다. 요한복음 17장 24절에서 예수님께서는 이렇게 기도하신다. "아버지여 내게 주신 자도 나 있는 곳에 함께 있어 아버지께서 창세 전부터 나를 사랑하시므로 내게 주신 나의 영광을 그들로 보게 하시기를 원하옵나이다." 구원의 언어는 우리가 얼마나 사랑받고 있는지를 표현하는 한계를 넘어선다. "주님, 당신께서 내 마음을 그들에게 두셨으며, 당신께서 나를 사랑하신 것처럼 그들을 사랑하셨습니다. 그리고 당신께서 그들을 우리 안에서 하나 되도록 정하셨으니, 우리가 하나인 것처럼 그들도 하나가 되게 하셨습니다. 그러므로 나는 그들과 오래 떨어져 있을 수 없습니다. 나는 당신과 함께 있지만, 그들과도 함께 있어야 합니다. '내가 있는 곳에 그들도 있게 하기를 원하나이다.'"[14]

우리는 너무 자주 자신의 자격을 의심하며 스스로를 그리스도의 임재에서 제외시킨다. 예수님이 우리와 함께하실 수 없다고 생각하고, 그분의 사랑이 마치 우리 자신에게 달려 있는 것처럼 여긴다. 곧 우리가 어떤 사람인지, 무엇을 했는지 혹은 하지 않았는지에 따라 예수님이 우리와 함께하시는 것이 결정된다고 오해하는 것이다.

그러나 그것은 진실이 아니다. 성부께서 성자를 사랑하신 그 사랑, 성자께서 성부를 사랑하신 그 사랑, 바로 그 사랑이 곧 우리를 향한 사랑이다(요 17:20-26). 이것은 우리가 생각하는 것보다 훨씬 더 크고 놀라운 진리다. 삼위 하나님의 교제는 태초부터 존재해온 완전한 사랑의 관계이며, 우리는 그 사랑 안으로 초대받은 존재들이다. 이 사랑은 우리가 만들어낸 것이 아니고, 우리가 특별해서 끌어낸 것도 아니다. 우리가 존재하기도 전에 이미 존재하던 사랑, 그 영원한 사랑을 하나님께서 우리에게 나누어주신 것이다.

그러므로 예수님께서 제자들을 사랑하시는 모습은 그분이 우리와 함께하기를 원하시는 그 열망을 그대로 드러낸다. 놀랍게도, 우리는 이렇게 말할 수 있다. 아들이 아버지와 함께 있기를 원하신다면, 그와 같은 방식으로 아들은 자기 백성과도 함께 있기를 원하신다.

당신의 목자이신 주님, 그분이 지금 당신과 함께하신다.

지팡이와 막대기로
지키고 인도하시네

초록색이나 파란색 수술복을 입고 목에 청진기를 건 여성을 보면, 우리는 단번에 그녀가 누구이며 어떤 일을 하는 사람인지 알 수 있다. 마찬가지로, 어떤 남자가 집에 들어와 무언가를 고치려고 하는데, 허리에는 망치, 톱, 끌, 줄자 등이 달린 공구 벨트를 차고 있다면, 그가 노트북을 고치러 온 사람은 아니라는 것쯤은 누구나 안다. 그가 누구이며, 무엇을 하려는 사람인지는 그가 손에 들고 있는 것을 보면 분명히 알 수 있다.

시편 23편은 주 예수님이 누구이시며 무엇을 하시는 분인지를 그분의 손에 들린 것을 통해 선명하게 보여준다. 그분은 무장한 목자이시다. 그리고 바로 이것이야말로, 우리가 가장 어두운 골짜기에서도 두려워하지 않을 또 하나의 이유이다.

주의 막대기와 지팡이가 나를 안위하시나이다(4절)

19세기의 성서 지리학자인 J. L. 포터(J. L. Porter)는 요르단 북부 지역에서 양치기들을 만났다. 이 지역은 다윗이 시편 23편을 썼던 바로 그 땅이다. 비록 시대는 변했지만, 그곳에서 양을 치는 데 요구되는 강인함과 위험을 감내하는 자세는 예나 지금이나 다르지 않다. 다음은 포터가 당시 그곳에서 만난 양치기들을 묘사한 내용이다.

그 양치기들에게서는, 우리가 흔히 목가적인 삶과 관련지어 떠올리는 평화롭고 온순한 모습은 전혀 찾아볼 수 없었다. 오히려 그들은 마치 전장으로 향하는 전사들처럼 보였다. 어깨에는 긴 총을 메고, 허리에는 단검과 묵직한 권총을 찼으며, 손에는 가벼운 전투용 도끼나 철제 곤봉을 들고 있었다. 이것이 그들의 기본 장비였고, 그들의 번뜩이는 눈빛과 매서운 표정만 보아도, 그들이 언제든지 그 무기를 사용할 준비가 되어 있다는 것을 알 수 있었다.[1]

우리는 시편 23편의 온유하고 부드러운 이미지에 너무 익숙해진 나머지, 그 속에 강철 같은 힘이 벨벳에 감싸여 있다는 사실을 느끼지 못한다. 이와 관련해 데일 랄프 데이비스는 이렇게 말한다.

예수 그리스도, 우리의 목자는 야위고 연약한 존재가 아니다. 목자는 본래 전사여야 했고, 우리의 목자도 마찬가지로 전사이시다. 아무도 그분의 손에서 양들을 빼앗아갈 수 없다(요 10:28). 그분의 팔에는 언제나 양 떼를 지키기 위해 힘이 들어가 있으며, 그분의 손에 든 막대기는 장식이 아니라 무기이다. 그분은 우리가 어떤 골짜기를 지나더라도 충분히 강하신 분이다.[2]

스펄전은 다윗이 목자의 지팡이와 막대기를 찬양한 이유

는, 그것들이 "그분의 주권과 은혜로운 돌보심을 나타내는 상징"이기 때문이라고 설명한다.[3] 리처드 브릭스 또한 "지팡이와 막대기는 하나님의 보이지 않는 임재를 보여주는 가시적 상징이며, 목자가 골짜기 한가운데 서 있는 모습 자체가 하나님의 임재를 가시적으로 드러내는 상징이다"라고 말한다.[4]

이제 우리는 주 예수님께서 양손에 들고 계신 것들을 통해 드러나는 그분의 충분하심을 살펴보려 한다. 그런 다음 그것들이 어떻게 그분의 양들에게 참된 위로를 주는지를 함께 생각해보자.

무엇보다 먼저 우리에게 위로가 되는 사실은, 막대기와 지팡이가 동일하지 않다는 점이다. 이 두 도구는 분명히 서로 다른 역할과 의미를 가지며, 그 차이는 각각이 지닌 상징적 중요성을 더욱 부각시킨다. 케네스 베일리에 따르면, 히브리어 원문에서 "막대기(rod)"로 번역된 단어는 단순한 보행용 지팡이가 아니라 '막대기', '왕의 홀', '무기'를 포괄하는 넓은 의미를 지닌 단어라고 한다.

이는 목자가 양 떼를 위협하는 야생 동물이나 도둑들로부터 보호하기 위해 사용하는 주된 공격용 무기이다. 길이는 약 75cm 정도이며, 끝부분에는 철 조각이 박혀 있어 철퇴처럼 사용된다.[5] 이 강력한 방어 도구는 시편 2편 9절의 "철장으로 그들을 깨뜨림이여"라는 표현에서도 등장하며, 요한계시록 2장 27절과 12장 5절에서도 같은 개념이 등장한다.

여기서 말하는 '철장'은 실제로는 나무 재질에 철이 박힌 무기였을 가능성이 높다. 다윗이 사울 앞에서 자신을 골리앗과 싸울 수 있는 전사로 소개하며 한 고백도 이 막대기의 이미지를 잘 보여준다. "다윗이 사울에게 말하되 주의 종이 아버지의 양을 지킬 때에 사자나 곰이 와서 양 떼에서 새끼를 물어가면 내가 따라가서 그것을 치고 그 입에서 새끼를 건져내었고 그것이 일어나 나를 해하고자 하면 내가 그 수염을 잡고 그것을 쳐죽였나이다"(삼상 17:34-35). 다윗은 단지 양을 돌보는 사람만이 아니라, 무기를 손에 쥐고 양 떼를 위해 싸울 준비가 된 전사였다.

한편 케네스 베일리는 목자의 막대기가 단순한 전투용 무기를 넘어선다는 점도 강조한다. 그는 레위기 27장 32절을 언급하며, 비록 ESV 성경에서는 이를 "지팡이(staff)"로 번역했지만, 실제로는 양을 셀 때 사용되던 도구, 즉 막대기

(rod)를 가리킨다고 본다.

그 장면은 이렇다. 양들이 하루 일과를 마치고 우리로 돌아올 때, 목자는 우리 입구에 막대기를 가로질러 들고 서서, 양들이 그 아래를 지나가게 하며 한 마리씩 수를 센다. 오늘날 같으면 QR 코드 스캔이나 디지털 체크인 시스템을 사용하겠지만, 이 고대의 장면은 목자가 자신의 양들을 하나하나 직접 확인하며 모두가 안전하게 돌아왔는지 점검하는 사랑 어린 돌봄의 행동을 보여준다.

베일리는 이렇게 말한다. "하나님의 양 떼에 속한 양은 목자의 막대기를 보며, 그것이 모두의 안전을 확인하기 위한 '경보 시스템'임을 기억할 것이다. 만약 어떤 양이 길을 잃어버렸다면, 목자는 저녁 점검 시간에 곧바로 그 사실을 알아챈다."[6]

참으로 아름다운 장면이다. 전투를 위한 무기였던 막대기가 이번에는 돌봄과 소속의 상징으로 사용된다. 이 장면에서 양들을 향한 보호는 이제 더 이상 공격을 위한 힘에서 비롯되는 것이 아니라, 사랑과 책임의 손길에서 비롯된다. 목자의 손에 들린 막대기는 이처럼 적을 물리치는 무기이자, 하나하나의 존재를 기억하고 품는 도구라는 두 가지 역할을 모두 감당한다. 그렇다면 이 골짜기 한가운데서 우리가 누릴 수 있는 참된 위로는 무엇일까?

막대기는 주님이 "우리와 함께하신다"는 말이 단순한 감정적 위로나 추상적인 동행을 의미하는 것이 아님을 분명히 보여준다. 존 골딩게이(John Goldingay)는 이렇게 말한다. "여호와께서 '함께하신다'는 것은 단지 느낌이나 존재 자체를 뜻하는 것이 아니라, 실제적인 행동을 수반하는 것이다. 그분의 임재는 적을 물리치고, 하나님께서 맡기신 자를 보호하기 위한 적극적인 행동으로 나타난다."[7] 다시 말해, 막대기는 단순한 상징이 아니다. 그것은 주께서 실제로 우리를 위해 싸우시고 우리를 지키시는 분이라는 분명한 증거다.

원수를 물리치고 양을 보호하는 이 두 사역은 목자의 역할이다. 예수님은 이렇게 말씀하셨다. "내 양은 내 음성을 들으며 나는 그들을 알며 그들은 나를 따르느니라 내가 그들에게 영생을 주노니 영원히 멸망하지 아니할 것이요 또 그들을 내 손에서 빼앗을 자가 없느니라"(요 10:27-28). 이 말씀은 누군가가 양을 빼앗고 해치려 한다는 전제를 담고 있다.

그러나 우리는 그 어떤 공격이나 위협 앞에서도 목자의

강한 손 안에, 그리고 그 손을 감싸고 있는 아버지의 손 안에 견고히 붙들려 있다(요 10:29). 예수님께서 양들을 이처럼 지키고 보호하시는 이유는, 그분이 자신의 양이 누구인지 정확히 알고 계시기 때문이다. "문지기는 그를 위하여 문을 열고 양은 그의 음성을 듣나니 그가 자기 양의 이름을 각각 불러 인도하여 내느니라 자기 양을 다 내놓은 후에 앞서 가면 양들이 그의 음성을 아는 고로 따라오되"(요 10:3-4).

예수님께 이름 불린 우리는 그분의 인도하심을 따라가고, 그 인도하심 안에서 보호받으며, 그 보호 속에서 참된 위로를 얻게 된다.

이 글을 읽고 있는 우리 중에는 지금 자신이 무척 연약하게 느껴지는 이들도 있을 것이다. 삶의 여러 상황이 짓누르고, 마음은 한없이 부서진 듯하다. 그러나 이 목자, 하나님의 종이신 예수님은 "상한 갈대를 꺾지 아니하며 꺼져가는 심지를 *끄지 아니하*"(마 12:20; 사 42:3)신다. 그분은 우리의 모든 상처와 연약함을 부드럽게 품으시는 분이다.

그러나 동시에, 이 예수님은 성실하게 정의를 이루실 것이다(사 42:3; 마 12:20). 그러므로 예수님의 손에 들린 막대기를 바라보며, 약해진 우리 마음에 다시 힘을 불어넣자. 그분은 지금도 우리를 골짜기 한가운데서 인도하고 계시며, 그 골짜기 너머에는 우리가 영원히 거하게 될 여호와의 집이 기다리고 있다.

우리는 성경이 어떻게 끝나는지를 기억해야 한다. 마침내 어린양이 승리하신다. 그리고 그분이 승리하시는 이유는, 그분이 양인 동시에 사자이시기 때문이다. 우리는 목자의 온유함을 약함으로 오해해서는 안 된다. 또한 그분의 자비로운 돌보심이 세상의 위협을 가볍게 여긴다는 뜻이 아님도 잊지 말아야 한다.

이 점은 우리가 일상에서 경험하는 목자의 돌보심을 떠올릴 때 훨씬 더 생생하게 와닿는다. 몇 년 전, 나는 영국 뉴캐슬에 사는 둘째 동생의 아파트에서 잊지 못할 주말을 보냈다. 그곳에서 나는 션이라는 개를 처음 만났다. 그 개는 네오폴리탄 마스티프와 불마스티프에, 그레이트 데인 혈통까지 섞인, 말이 섞였다고 해도 믿을 만큼 거대한 개였다.

나는 지금까지 션만큼 위풍당당한 개를 본 적이 없다. 그 개는 동생 앞에서는 놀라울 만큼 온순했지만, 세상 모두에게는 위협적인 존재였다. 션과 눈을 마주치지 않고, 션과 장난치지 않으며, 션이 원하면 그대로 다 해주는 것, 그게 상

책이었다. 션과 함께 거리를 걸을 때면, 나와 동생은 원하는 것은 마치 무엇이든 손에 넣을 수 있을 것만 같은 기분이 들었다.

사람들이 알아서 길을 비켜주었고, 남자들은 여자와 아이들을 벽 쪽으로 붙이며 우리 일행을 조심스럽게 지나쳤다. 그 모든 장면이 정말 장관이었다. 그리고 이 모든 것은 션이 우리와 함께 있었기 때문에 가능했다.

밤이었다. 나는 잠들어 있었고, 션은 나와 몇 미터 떨어진 현관문 옆에 조용히 누워 있었다. 그날 밤, 나는 몇 번이나 션의 낮고 묵직한 으르렁거림에 잠에서 깼다. 밖에서 사람들이 지나갈 때마다 션은 그들이 너무 가까이 있다는 것이 못마땅한 듯 경고음을 내뱉었다. 그들은 만약 적의 의도를 품고 문을 열고 들어오기라도 한다면, 절대 무사하지 못할 거라는 사실을 전혀 몰랐다. 나는 몇 번이고 안심한 채 미소를 지으며 다시 잠에 들었고, 가끔은 누군가 한 번쯤 절대 잊지 못할 방식으로 침입을 시도해주기라도 했으면 하는 마음마저 들었다. 두 번 다시는 반복하지 못할, 그런 시도 말이다.

그날 밤만큼은 내게도 그토록 크고, 강하고, 힘 있는 존재, 목자가 있었다. 그래서 두려울 것이 아무것도 없었다. 다윗 역시 자신이 누리고 있는 변함없는 보호하심을 분명히 알고 있었다. 그는 하나님께 직접 이렇게 고백했다. "내가 두려워하지 않을 것은, 주의 막대기가 나를 안위하시기 때문입니다."

그리고 이 고백은 오늘날 우리도 예수님께 똑같이 드릴 수 있는 말이다. 그분은 경쟁자를 용납하지 않으시는 분이며, 자기 백성을 향한 질투 어린 사랑에 있어서 그 누구와도 비교할 수 없는 분이시다. 우리의 목자 되신 예수님, 그분은 결코 자신의 양들을 버리지 않으신다.

예수님의 손에 들려 있는 것은 막대기만이 아니다. 그분은 지팡이도 함께 들고 계신다. 막대기가 외부의 위협을 막아내는 곤봉이었다면, 지팡이는 양을 인도하고, 모으며, 끌어당기기 위한 도구였다. 하나는 방어를 위한 것이고, 다른 하나는 훈육과 인도를 위한 것이다. 지팡이는 마치 개줄처럼 사용되어 양이 목자 곁을 벗어나지 않도록 훈련시키고, 바른 방향으로 나아가게 안내하며, 필요할 때는 살짝 누르며 조정하는 역할을 한다.

히브리어로 '지팡이'를 뜻하는 단어는 '누르다' 혹은 '기대다'라는 의미의 동사와 연결되어 있다. 이는 목자가 걸을 때나 언덕을 오를 때, 양을 인도하며 지팡이에 자연스럽게 기대고 눌러 사용하는 모습을 담고 있다.

한 신학자는 이렇게 말한다. "목자의 지팡이는 외부의 위협으로부터 양 떼를 방어하기 위한 것이 아니라, 매일 양을 먹이고 마시게 하며, 평안과 쉼을 얻게 하려고 사용하는 도구이다."[8] 이처럼 지팡이라는 추가적인 목자의 도구는 우리가 얼마나 두 가지 모두—방어와 훈련, 보호와 공급—를 필요로 하는 존재인지를 보여준다. 그것은 목자가 양을 위해 지는 전적인 책임과 완전한 돌봄의 상징이다. 그리고 그 속에는 도전도 있고, 위로도 있다.

많은 주석가들은 시편 23편에서 말하는 "위로"라는 단어가 단순한 감정적 격려를 넘어서, 실제로 상황을 변화시키는 행동까지 포함한다고 설명한다. 이 두 가지 의미, 감정의 회복과 실제의 회복 모두가 이 본문에서 중요한 역할을 한다.[9] 시편 23편은 여기서 다시금 출애굽의 언어와 연결된다. 하나님께서 이사야 선지자에게 "내 백성을 위로하라, 위로하라"라고 말씀하신 것도, 포로에서의 귀환이라는 새로운 출애굽이 다가오고 있었기 때문이다(사 40-55장).

하나님의 위로는 감상적인 카드에 적힌 한 줄의 말로 끝나지 않는다. 그것은 하나님께서 친히 자신의 강한 팔로 자기 백성을 구속하고 건져내시는 실질적인 행동이다. 그리고 이것이 바로 주께서 막대기와 지팡이를 통해 지금도 우리 삶 속에서 행하고 계시는 일이다. 우리는 이 사실을 들을 필요가 있으며, 이 두 도구 모두를 필요로 한다.

우리 중 일부는 예수께서 막대기로 우리의 원수들을 물리쳐주시길 바라지만, 지팡이로 우리를 다루시는 것은 원치 않는다. 다른 사람들에게는 단호하게 행동하시길 바라면서, 정작 그분이 내 삶에 직접 개입하시고, 내가 가고 싶지 않은 길로 인도하실 때는 마음이 불편해진다.

그러나 지금 이 글을 쓰고 있는 이 순간, 내게 가장 위협적인 적은 외부에 있는 누군가가 아니라, 바로 내 안에 있는 죄된 마음이다. 자기중심적인 생각, 자기연민, 다른 곳의 풀이 더 푸르다는 왜곡된 믿음, 그리고 '의의 길이 꼭 행복으로 이어지지는 않을지도 모른다'는 뒤틀린 미묘한 마음, 이 모든 것이 내 안에 깊이 자리하고 있다.

우리가 자주 부르는 찬송가, "복의 근원 강림하사"에는 이런 고백의 말이 담겨 있다.

"우리 맘은 연약하여 범죄하기 쉬우니
하나님이 받으시고 천국인을 치소서."[10]

그렇기에 나는 날마다 그리스도의 지팡이가 필요하다. 내 마음이 빗나가지 않도록 날마다 나를 다시 그분께로 돌이켜 주는 사랑의 손길이 절실히 필요하다.

우리는 지금 의의 길에서 벗어나 절대로 가서는 안 될 들판을 방황하고 있다. 솔직히 말해, 어떻게 여기까지 오게 되었는지조차 잘 모르겠다. 어쩌면 지금 우리가 얽혀 있는 관계가 그런 것일 수도 있고, 혹은 생각해서는 안 될 관계에 발을 들이려 하고 있는지도 모른다.

상황이 어떻든 분명한 건 목자와 우리 사이에, 그리고 다른 양들과의 사이에 서서히 틈이 벌어지고 있다는 사실이다. 그것은 우리가 조금씩, 그러나 분명하게, 목자의 지팡이가 닿지 않는 곳으로 자신을 밀어내고 있기 때문이다.

우리는 예전만큼 성경을 읽지 않고, 교회에도 자주 가지 않게 되었다. 어느 순간부터는 주님에 대해 다른 사람과 이야기하는 것도 왠지 불편해졌고, 그래서 점점 입을 다물게 되었다. 예전처럼 신앙의 친구들이 전해주는 사랑 어린 충고나 권면에도 마음을 열지 않고 슬며시 피하고 있다.

우리는 지금 목자의 지팡이가 닿지 않는 거리로 자신을 조심스럽게 밀어내고 있는지도 모른다. 아직은 교회 공동체 안에 있고, 익숙한 양 떼 곁에 속해 있는 듯 보이지만, 완전히 떠난 것은 아니어도, 서서히 그 손길에서 벗어나려는 움직임이 시작되고 있다. 이제 막대기와 지팡이는 더 이상 우리에게 위로가 되지 않는다.

어떤 이들은 교회의 장로들이 막대기와 지팡이, 이 두 가지를 함께 쥐고 있다는 사실에 놀라곤 한다. 장로들이 함께 모이는 이유는 단지 기도하고 계획을 세우기 위해서만이 아니다. 그들은 실제로 양 떼를 돌보기 위해 모인다. 그리고 그 목양의 일은 때로 아프고, 어렵고, 마음을 무겁게 하는 과정이기도 하다.

방황하는 양을 다시 불러들이는 일은 결코 쉽지 않다. 나는 종종 거짓 가르침을 몰아내기 위해 장로들이 막대기를 드는 것을 환영하던 양이, 정작 자신이 교회에 잘 나오지 않는 상황에서 지팡이가 어깨에 닿자 당황하고 놀라는 모습을 보곤 했다.

그러나 진짜 목자들은 막대기와 지팡이를 손에 든 채 회의실에만 머물지 않는다. 그들은 커피숍, 가정, 병상, 장례식장, 상담실 등 양이 있는 모든 자리에 함께하며, 성찬의 빵과 잔을 나누고, 세례의 물을 붓는다. 목자들은 서로에게 "지금 당신은 주님과 어디에 있는가"를 묻고, 양들에게도 "오늘 당신은 주님과 어디에 있는가"를 묻는다. 그리고 그들은 자신의 삶과 양 떼의 삶 속에 주님의 지팡이가 늘 함께하길 진심으로 바란다.

어쩌면 이 시편은 지금 당신의 삶을 위한 리셋 버튼이 되고 있는지도 모른다. 삶의 홈 화면에 떠 있는 '새로 고침' 버튼을 눌러야 할 때가 된 것일 수도 있다. 다시 시작할 용기와 방향을 제시하는, 조용하지만 분명한 초대이다.

지금이야말로 집으로 돌아갈 때이다. 지금이야말로 고개를 들어 내가 얼마나 멀리 떠나왔는지 바라볼 때이다. 동시에, 다시 함께 걸어가기를 기다리고 계신 목자와 마주할 시간이기도 하다. 지금이야말로 누군가에게 마음을 털어놓아야 때이며, 그저 셀 수 없이 오랜 시간 그래왔듯이, 예수님과 함께 걷는 그 길을 계속 걸어가야 할 때이다.

우리의 영혼이 날마다 주 예수 안에서 회복되고 있음을 느끼는 감각은, 목자 되신 그분의 임재 안에 거하고자 하는 갈망, 그리고 그분과 머무르려는 마음의 깊이에 비례한다. 그분을 간절히 찾지 않는다면, 그분의 회복하심도 경험하지 못할 것이다.

이것은 골짜기 한가운데서도 마찬가지이다. 우리가 느끼는 두려움의 깊이는, 주님의 임재를 얼마나 절실히 필요로 하느냐에 따라 달라질 것이다. 그리고 그분이 필요하다는 사실을 인식하지 못한다면, 우리는 결국 어둠 속을 홀로 걷게 될 것이다. 그러나 우리가 주님과 함께 들어가고 나가며, 그분의 말씀과 백성, 은혜의 수단들, 곧 설교와 기도, 성찬과 세례 안에서 자연스럽고도 깊은 친밀함을 누릴 때, 바로 그때야말로 주님의 막대기와 지팡이가 우리 영혼에 가장 깊은 위로를 건네는 순간이 될 것이다.

주님의 은혜가 흐르는 자리에서 멀어질수록 골짜기에서 마주하는 어둠은 더욱 짙어지고, 두려움은 더욱 깊어진다.

찬송으로 울려 퍼지는 시편 23편

주는 나의 목자시니, 내게 부족함이 없네

여호와는 나의 목자시니 내게 부족함이 없으리로다.
그가 나를 푸른 초장에 눕게 하시며
잔잔한 물가로 인도하시는도다.

내 영혼을 소생시키시며
자기 이름을 위하여
의의 길로 인도하시는도다.

내가 사망의 음침한 골짜기로 다닐지라도
해를 두려워하지 않을 것은
주께서 나와 함께 하심이라.
주의 막대기와 지팡이가
나를 안위하시나이다.

주께서 내 원수의 목전에서
내게 상을 차려 주시고
내 머리에 기름을 바르셨으니
내 잔이 넘치나이다.

내 평생에 선하심과 인자하심이
반드시 나를 따르리니
내가 여호와의 집에 영원히 거하리로다.

주께서 내 원수의 목전에서

    내게 상을 차려 주시고

        기름을 내 머리에 부으셨으니

          내 잔이 넘치나이다

        내 평생에 선하심과 인자하심이

    반드시 나를 따르리니

내가 여호와의 집에

    영원히 살리로다

시편 23:5-6

3부 손님과 주인

C. S. 루이스는 자신이 생각하는 것보다 시편 23편을 더 깊이 이해하고 있었다. 흥미롭게도 그는 1-4절에 담긴 평온하고 아름다운 정서와, 5절에 담긴 분위기를 조화시키지 못했다. 그는 5절의 분위기는 복수심이 깔린 것이며, 이 복수심은 "순진하다 못해 우스꽝스러운 것"이라고 보았다.

C. S. 루이스에게는 잔치를 베푸는 주인이 손님을 선대하는 장면을 원수들이 지켜보게 하는 것이 지나치게 악의적인 태도로 보였다. 그는 이렇게 쓴다. "시편 기자는 자신의 현재 번영을 즐기면서, 그 지독스러운 원수들, 한때 자신을 깔보던 자들이 그 모습을 지켜보며 괴로워해야만 비로소 만족하는 듯하다. 특히 이런 경건한 분위기에서 드러나는 이 속좁고 저속한 마음은 정말 참기 힘들다."[1]

C. S. 루이스가 지적한 이 부분은 독자에게도 하나의 도전으로 남는다. 그 장면은 과연 복수심의 표현일까, 아니면 하나님께서 주시는 의로운 회복의 상징일까?

그럼에도 나는 C. S. 루이스의 소설 『나니아 연대기』의 한 장면을 가장 좋아한다. 바로 그 장면이야말로 시편 23편 5절의 참된 의미를 가장 아름답게 표현하고 있기 때문이다.

『나니아 연대기』의 제2장 중반쯤, C. S. 루이스는 "마법이 풀리기 시작함"과 "아슬란이 가까이 오다"라는 두 장을 통해 이야기에 분명한 전환점을 만들어낸다. 이 시점에서 하얀 마녀의 권세는 약해지고, 얼어붙었던 나니아 땅은 녹기 시작하며, 겨울은 물러가고 크리스마스가 다시 돌아온다.

늘 겨울이되 크리스마스는 없던 땅에, 이제 다시 아름다운 것들이 피어나기 시작한다. 산타클로스가 돌아오고, 선물과 기쁨이 넘쳐난다. 아슬란이 가까이 다가와 움직이고 있다는 사실만으로도 독자는 하얀 마녀와의 결전이 다가오고 있음을 직감하게 된다.

그리고 바로 그때, 하얀 마녀가 제단(Stone Table)으로 서둘러 달려가던 중 다음과 같은 장면을 목격하게 된다.

다람쥐 부부와 어린 다람쥐들, 두 마리의 사티로스, 한 난쟁이, 그리고 늙은 여우 한 마리가 식탁 주위에 둘러앉아 있었다. 에드먼드는 그들이 정확히 무엇을 먹고 있는지는 보지 못했지만, 맛있는 냄새가 너무도 좋았다. 식탁 위에는 호랑가시나무 장식이 놓여 있었다. 그의 눈에는 분명

가장 어두운 순간, 가장 가까이에

푸딩 같은 무언가를 먹고 있는 것처럼 보였다.[2]

하얀 마녀가 그 파티를 보고 분노와 경악에 차서 외쳤다.
"이게 다 무슨 짓이냐?"
하지만 아무도 대답하지 않았다.
하얀 마녀가 다시 물었다.
"대답해, 이 쥐새끼들아! 이 음식이며 쓰레기, 흥청망청한 분위기가 다 뭐란 말이냐! 이런 것들은 다 어디서 났지?"[3]
C. S. 루이스는 자신도 모르게 시편 23편의 진리를 생생하게 그려냈다.

주께서 내 원수의 목전에서 내게 상을 차려 주시고 기름을

내 머리에 부으셨으니 내 잔이 넘치나이다(시 23:5)

『나니아 연대기』속 이 작은 에피소드는 사람들의 이목을 끌지는 못하지만, 이야기에 경이로움을 더해준다. 이 암시적이고 절제된 방식을 통해 결국 모든 것의 핵심은 전쟁이나 선과 악의 충돌이 아니라, 교제와 잔치에 있음을 보여주는 것이다. 새롭게 된 세상에서는 왕의 기쁨 어린 선물과 그분의 통치 아래 넘치는 즐거움이 기다리고 있다.

그리고 이제 이 책의 마지막 부분에 이르러 우리는 목자와 함께한 여정의 끝자락에 가까워지고 있다. 시편 전체를 통해 양은 세상이라는 광야 한복판에서 목자를 따라 걸었고, 그 여정에서 회복과 위로를 받아왔다. 그러나 그 여정의 궁극적인 목적지는 언제나 하루의 끝자락에서 양이 안전하게 우리 안에 거하는 것이었다.

이제, 시편 23편의 마지막 구절에서 우리는 세 번째이자 찬란한 신앙 고백을 마주하게 된다. 주 예수께서 우리에게 행하실 일들, 그 모든 약속이 바로 이 한 구절에 담겨 있다.

　　내가 여호와의 집에 영원히 살리로다(6절)

이 관점에서 여정을 되돌아보면 이렇게 정리할 수 있다. "푸른 풀밭은 평안한 장소요, 사망의 음침한 골짜기는 두려운 장소요, 원수들 앞은 위험한 장소이며, 여호와의 집은 머무는 장소이다."[4]

삶의 모든 자리, 모든 계절마다 목자 되신 주님은 우리와 함께하신다. 그리고 우리를 집으로 인도하시는 그 여정 속에서 우리는 그분의 기쁨 어린 임재를 더욱 깊고 풍성하게 누리게 된다.

가장 어두운 순간, 가장 가까이에

원수 앞에 상을 차리시고

다윗이 시편 23편에서 자신의 목자와 가깝게 지내던 것처럼, 우리도 주 예수와 가깝게 지낼 때, 그분과의 관계 안에서 다양하고도 풍성한 면모들이 자연스럽게 드러난다.

많은 주석가들이 지적하듯, 시편 23편의 5-6절에서는 이미지가 양과 목자의 관계에서 손님과 주인의 관계로 바뀐다. 푸른 풀밭과 쉴 만한 물가, 막대기와 지팡이가 이제는 머리에 부은 기름과 손에 들린 넘치는 잔으로 전환된다. 다윗은 마치 주님을 향해 이렇게 고백하는 듯하다. "주님의 돌보심은 너무도 철저하고 완전하여, 사랑하는 목자가 귀한 양을 보살피는 것보다도 더 풍성하게, 특별한 손님을 맞이하는 넉넉한 주인의 사랑으로 저를 대하십니다." 그렇기에 이 장면을 단순히 목자의 이미지에서 벗어난 전환으로만 보아서는 안 된다. 오히려 이것은 주께서 목자로서 우리를 돌보시는 또 다른 방식이며, 그분의 돌보심이 어디까지 미치는지를 보여주는 아름다운 전개이다. 주께서 우리를 위해 행하시는 일에는 한계가 없다.[1]

시편 23편의 이 부분은 아마도 다른 어떤 구절보다도 주석가들의 주목을 받는 곳이다. 각 단어나 전체 이미지가 정확히 무엇을 의미하는지를 두고 다양한 추측과 해석이 쏟아진다. 그러나 나는 이렇게 제안하고 싶다. 5절의 각 요소를 지나치게 개별적으로 분석하기보다는, 그 모든 이미지가 함께 만들어내는 전체적인 분위기 속에서 이해하는 것이 더 적절하다고 말이다.

그렇게 누적된 분위기와 조화 속에서 바라보면, 각 요소는 더 단순하게, 그러나 더 깊이 있게 다가온다. 그리고 바로 그 단순함 속에서 우리는 오히려 더 풍성한 의미를 발견하게 된다.

가장 어두운 순간, 가장 가까이에

이 장의 제목에서 가장 중요한 단어는 "어떻게(How)"이다. 그것이 바로 시편 23편 5절이 풍기는 향기다. 우리는 지금 양을 돌보는 목자의 이미지에서 사람을 위한 환대와 배려의 이미지라는 새로운 영역에 들어서고 있다. 그러나 이 전환을 너무 빠르게 지나쳐버린다면, 주인이 **어떻게** 행동하시는지를 놓칠 위험이 있다. 그러니 주목해보자. 그분이 어떤 **방식**으로 우리를 대하시는지.

가장 먼저 눈에 띄는 점은, 이 구절이 여전히 너무도 자연스럽게 2인칭을 쓰고 있다는 것이다. "**주께서**(You) 내 앞에 상을 차려 주시고." 우리는 종종 정말 훌륭하고 정성스럽게 준비된 자리에 초대되어 기쁨을 누리긴 했지만, 정작 그 자리를 마련한 사람과는 직접 만나거나 대화를 나누지 못했던 경험이 있다.

그 주최자가 너무 바빴거나, 너무 높은 사람이었거나, 혹은 당신과의 관계가 너무 멀었기 때문일 수도 있다. 어쩌면 지인을 통해 겨우 초대받은 자리였는지도 모른다. 그래서 풍성하게 차려진 상과 환대는 누렸지만, 그 자리를 마련한 사람은 알지 못했고, 그 사람 역시 당신을 찾아오지 않은 것이다.

지금쯤이면 시편 23편 5절이 앞서 언급한 상황과 얼마나 다른지 분명히 느낄 수 있을 것이다. 광야 같은 출애굽 여정에서 목자 되신 주님이 우리를 직접 대접하시고, 우리는 그분을 인격적으로 깊이 알게 된다. 다윗은 시편 23편에서 자신의 목자에 **대해** 말하면서, 그분이 얼마나 놀라운 분인지를 고백하던 중, 4절에 이르러서는 **그분**이라 부르던 대상을 **당신**이라 부르며, 직접 말을 건네는 방식으로 전환한다.

> 내가 사망의 음침한 골짜기로 다닐지라도 해를 두려워하지 않을 것은 주께서(당신께서) 나와 함께 하심이라

그리고 그 고백은 멈추지 않는다.

> 주께서 내게 상을 차려 주시고 … 기름을 내 머리에 부으셨으니(5절)

물론 다윗이 말하는 내용 자체만으로도 충분히 아름답다. 그러나 그 고백이 직접적인 대화와 친밀한 인격적 관계 속에서 전달된다는 점에서, 그 말은 더욱 특별하고 깊은 울림

가장 어두운 순간, 가장 가까이에

을 준다.

내가 이 글을 쓰며 드리는 기도 중 하나는, 이 책의 독자들이 주 예수님께 "당신"이라는 말을 자주 하게 되는 것이다. 물론 이 책은 우리의 목자이시며, 동행자이시며, 주인이신 분에 대한 글이다. 하지만 이 글이 우리를 예배로 이끌고자 하는 마음에서 쓰였다는 것만은 분명히 말할 수 있다.

예배란 언제나 3인칭 설명에서 2인칭 찬미로 나아가는 여정이다. 애버딘 트리니티 교회에서 내가 주일마다 드리는 기도 중 하나는 이렇다. "예배가 끝나기 전에 우리 각 사람이 마음으로든 입술로든 하나님께 '당신(you)'이라고 고백하게 해주소서." 창조주이시고, 아버지이시며, 주님이시고, 구주이시며, 목자이시고, 왕이시며, 친구이시고, 심판자이신 하나님께 말이다. 우리가 누군가를 모르거나 관계가 멀어졌을 때는 그 사람을 '그'나 '그녀'라고 칭한다. 하지만 우리가 누군가를 알고, 사랑하며, 함께 있고 싶을 때는 '당신'이라고 부른다. 지금, 당신은 주님과 어떤 관계 속에 있는가?

이제 인칭대명사에서 동사로 시선을 옮겨, 이 구절을 더 깊이 들여다보고자 한다. 이 구절에는 세 개의 동사가 등장한다. 그중 두 개는 주인의 분명한 행동을 묘사하고, 나머지 하나는 그분의 행동을 간접적으로 드러낸다. "주께서 내게 상을 **차려 주시고**", "기름을 내 머리에 **부으셨으니**", "내 잔이 **넘치나이다**."

여기서 마지막 동사는 주께서 내 잔을 가득 채워 넘치게 하신다는 의미로 이해할 수 있다. 주님은 능동적으로 행하시고, 나는 수동적으로 받는다. 그분이 풍성히 주시는 것을, 나는 온전히 누린다. 표현 하나하나 모두 아름답다. 오직 이 주인의 선하심 때문에 우리는 4절의 위협에서 5절의 승리로 옮겨졌다. 데렉 키드너(Derek Kidner)의 말처럼, 우리는 이제 "잘 차려진 식탁" 앞에 앉아 있고, "축제의 향유"로 머리에 향기가 나며, "가득 찬 잔"을 손에 들고 있게 된 것이다.[2]

"상을 차리다(prepare)"라는 단어는 구약 성경에서 무언가를 질서 있게 준비하고 배열하는 의미로 사용된다. 그 상황은 지금처럼 잔치를 위한 자리일 수도 있고, 시편 50편 21절에서처럼 법정에서 사건을 정리하여 세우는 일일 수도 있다. 하지만 데렉 키드너의 설명에 따르면, 이 단어는 특히 제사장이 번제를 위해 제단에 불을 피우고, 제물의 각 부분을 질서 있게 배열하는 사역(레 1:6 이하)을 묘사할 때 자주 등장한다. 즉, 이 단어는 정확하고 세심한 배려와 준비를 의

가장 어두운 순간, 가장 가까이에

미하며, 그러한 준비는 언제나 최고의 주인만이 보여줄 수 있는 고유한 특징이다.[3]

어느 날 저녁, 친구가 우리 집을 방문한 적이 있다. 나의 힘든 목회 상황을 돕기 위해 제법 먼 길을 달려와준 친구였다. 그런데 그날 저녁, 우리는 서로의 기대를 전혀 다르게 이해하고 있었다. 나는 단지 커피 한 잔과 대화를 나누는 자리라고 생각했는데, 그 친구는 저녁 식사까지 포함된 초대라고 생각해 빈속으로 온 것이다.

결국 친구는 배고픔을 도저히 참지 못하고, 조심스럽게 말했다. "함께 식사할 줄 알고 저녁을 안 먹고 왔어." 그 이후의 상황은 쉽게 상상할 수 있을 것이다. 당황한 나는 부엌 여기저기를 뒤져 허둥지둥 음식을 꺼냈고, 얼굴이 화끈거릴 정도로 진심 어린 사과를 해야 했다.

그날 나는 의도하지 않았지만, 분명 손님맞이에 실패했다. 준비가 전혀 되어 있지 않았기 때문이다.

W. S. 플루머(W. S. Plumer)는 이렇게 말했다. "상을 차린다는 것은 곧 잔치를 준비한다는 것이다. 그것은 단순히 피곤한 나그네에게 빵 한 조각을 건네는 일이 아니라, 그를 손님으로 붙잡아두고 가능한 한 최상의 것을 내어주는 것을 의

미한다."[4] 나는 이 '붙잡아두는(detaining)'이라는 표현을 참 좋아한다. 우리는 보통 이 단어를 부정적인 상황에서 사용한다. 누군가를 억류하거나 벌을 주기 위해 '붙잡아두는' 경우 말이다.

하지만 플루머는 시편 23편 5절의 의미를 정확히 짚어냈다. 주께서 우리를 지금 이 자리에서 멈추게 하시고, 우리를 붙잡아두시는 이유는 단 하나, 최상의 돌보심으로 우리를 놀라게 하시기 위해서다. 칼뱅도 이 장면을 비슷하게 설명한다. "하나님께서 다윗을 위해 상을 차리셨다는 것은, 마치 아버지가 아이에게 손을 뻗어 먹을 것을 건네주듯, 그가 수고하거나 애쓰지 않아도 되도록 하나님이 친히 양식을 마련해주셨다는 뜻이다."[5]

이제 기름 부음을 받은 머리와 넘치는 잔에 대해서도 생각해보자. 오늘날 우리가 손님을 맞이할 때 외투를 받아주는 것처럼, 다윗의 문화에서는 손님의 발을 씻어주고 머리에 향유를 바르는 것이 환대의 일반적인 예였다. 마찬가지로, 손님이 빈 잔을 앞에 두고 언제 채워줄지 기다리며 눈치를 보지 않도록 주인은 손님의 잔이 결코 마르지 않도록 가득 채운다.

가장 어두운 순간, 가장 가까이에

여기서 "기름 부으시다(anoint)"라는 단어는, 구약 성경에서 왕이나 제사장을 의식적으로 기름 부을 때 사용하는 단어와는 다르다. 문자 그대로는 "살찌다" 또는 "기름지다"라는 뜻으로,[6] 어떤 번역에서는 "주께서 내 머리를 기름으로 살찌게 하신다"라고 표현되기도 한다.[7] 다소 낯설게 들릴 수 있지만, 이는 주인의 넉넉한 환대를 강조하는 표현이다.

이 기름 부음은 환대의 제스처이며, 아낌없고 인색하지 않은 풍성함의 상징이다. 그래서 잔도 넘치는 것이다. "내 잔"이라는 표현은 시편 기자의 삶의 경험을 가리킨다.[8] 다윗이 자신의 삶 전체에 하나님의 복이 흘러넘쳐, 모든 면에서 하나님의 은혜를 뚜렷이 보게 되었음을 고백하는 것이다.

이 지점에서 케네스 베일리의 시편 23편에 대한 연구는 읽는 즐거움을 더해준다. 그가 중동 문화에서의 환대(hospitality)를 깊이 이해하고 있기 때문만이 아니라, 이러한 표현들이 하나님의 성품을 어떻게 드러내는지를 명확히 보여주기 때문이다. 베일리는 조지 람사(George Lamsa)의 연구를 인용하여 이렇게 말한다.

> 동방 문화에서 명성은 그의 소유보다는 그가 차리는 식탁

과 아낌없는 환대를 통해 퍼져나간다. 낯선 이든 이웃이든 손님으로 대접받았던 사람은 누구나 식탁에 대해 이야기하고, 그 이야기는 마을에서 마을로 전해지며 세대를 거쳐 이어진다. 손님과 나그네가 어떻게 대접받았는지는 사람들 사이에서 중요한 화제가 되며, 그 이야기는 공동체의 기억으로 남는다.[9]

전통적인 중동 사회에서는 "집주인이 음식을 **제공하되**, 직접 **준비하지는** 않는다."[10] 아브라함은 손님을 위해 음식을 준비하라고 지시했으며(창 18:1-8), 탕자의 비유에 나오는 아버지도 잔치를 준비하라고 명령했을 뿐이다(눅 15:22-23). 이처럼 주인은 직접 잔치를 마련하지 않고, 잔치를 '명령하는 자'로서의 역할을 한다.

그러니 이 시편이 타오르는 떨기나무 가운데 나타나신 주님, 곧 아무것도, 아무에게도 의존하지 않으시는 위대한 "스스로 있는 이(I am)"를 누구보다도 후하게 대접하시는 주인의 모습으로 묘사하고 있다는 사실은 참으로 놀랍다. 가장 위대하신 주인이 가장 낮은 피조물인 우리를 위해 가장 풍성한 잔치를 친히 마련하신다. 하늘의 주께서 자신의 명성을 온 땅에 알리시는 방식이 "이런 부류의 주인"으로 알려지는 것이라니, 이보다 놀라운 일이 또 있을까.

이것이 바로 "자기 이름을 위하여"(시 23:3) 행하시는 하나님의 영광의 한 단면이다. 우리는 흔히 하나님의 영광이나 명성을 그분의 능력이나 구원과 연결해서만 생각하지만, 하나님께서 구속하신 자 한 사람 한 사람을 세심히 돌보시는 모습에서도 그분의 영광은 분명하게 드러난다. 하나님의 본성은 우리를 구원하시는 데서 멈추지 않는다. 그분은 구속하신 자들을 섬기는 데까지 나아가신다.

좋은 주인을 만나면 누구나 알아차릴 수 있다. 그렇지 않은가? 작은 배려 하나하나, 세심한 준비, 빠짐없는 돌봄은 모두 분명하게 느껴진다. 시편 23편은 바로 그런 완벽한 주인의 초상이다.

하나님께서 당신을 어떻게 맞이하시는지 알고 있는가? 주 예수께서 자신의 손님인 당신을 얼마나 세심하고 선하게 돌보시는지 진정 알고 있는가? 그분의 환대는 이 세상 그 무엇과도 비교할 수 없을 만큼 완전하다.

우리 중 몇몇은 자신이 하나님께 그다지 중요하지 않은 존재라고 굳게 믿고 있을지도 모른다. 우리는 실수했고, 영망이 되었고, 도망쳤으며, 탈진해버렸다. 그래서 목자이며 주인이신 분이 우리가 지금껏 경험해보지 못한 환대를 준비해놓으셨다는 것을 기대조차 하지 못한다. 당신의 주님은 인색하신 분인가, 아니면 광대하신 분인가?

잠시 멈추어 스스로에게 물어보라. 내 마음속에서 하나님은 어떤 모습인가? 나는 하나님을 '그린치'[미국의 아동도서 *How the Grinch Stole Christmas*(그린치는 어떻게 크리스마스를 훔쳤을까)에 등장하는 괴팍하고 냉소적인 캐릭터]처럼 인색하고 딱딱한 분으로 여기는가, 아니면 '산타클로스'처럼 인자하고 기쁨을 주시는 분으로 생각하는가?

어쩌면 이것이 C. S. 루이스가 『나니아 연대기』에서 그리스도를 상징하는 인물을 아슬란으로 설정해놓고도, 굳이 산타클로스(Father Christmas)를 등장시키는 이유일 것이다. 아슬란이 저주를 깨뜨리고, 겨울이 봄으로 바뀌는 순간에 성**탄절이 자연스럽게 찾아오고, 당연하게 선물이 등장한다**. 루이스는 그렇게 생각하지 않을 수 없었던 것이다.

당신에게 하나님은 어떤 분인가? 당신이 잠든 사이에 침대 머리맡에 양말을 걸어두고 벽난로 위에 선물을 가득 채워놓으며, 아침에 눈을 떴을 때 온 집 안이 기쁨과 선물로 가득 차 있게 해주는, 한없이 관대하고 다정한 아버지 같은 분인가? 아니면 규칙이 빼곡히 적힌 책자를 손에 들고 당신이 실수하기만을 기다리는 엄격한 교장 선생님 같은 분인가?

어떤 그리스도인들은 인색하다. 그들은 자신의 돈이나 시간, 혹은 다른 자원을 제대로 나누지 않으며, 마땅히 할 수 있거나 해야 할 만큼 베풀지 않는다. 그 이유는 단순하다. 그들이 하나님처럼 주는 법을 알지 못하기 때문이다. 그리고 그렇게 되지 못한 이유는, 하나님이 어떤 분이신지를 제대로 보지 못했기 때문이다. 하나님의 손에 막대기와 지팡이가 들려 있는 것은 익숙하고 당연하게 여겨진다. 하지만 향유와 포도주라니? 그건 어딘가 잘못된 것만 같다.

우리가 어떻게 나누고, 어떻게 환대하는지가 곧 우리의 평판이 된다. 이것은 분명한 사실이다. 놀랍게 들릴지 모르지만, 당신이 매일 부딪히며 살아가는 사람들은 이미 당신이 인색한 사람인지, 아니면 너그러운 사람인지 나름의 판단을 가지고 있다. 우리는 종종 자신을 마음이 넓은 사람이라고 생각하지만 정작 다른 사람들이 우리에게서 느끼는 건, 늘 최소한의 반응, 최소한의 관심이다. 만약 사람들이 정말로 우리를 어떻게 보고 있는지 알게 된다면, 꽤 많은 이들이 놀랄 것이다.

이 모든 것은 우리의 인색함에 강한 도전을 던진다. 주 예수께서 얼마나 아낌없이 넉넉하게 베푸시는 분인지를 생각해보면, 그 은혜가 이토록 부족한 나에게도 향해 있다는 사실 앞에서 겸허해질 수밖에 없다. 예수님은 사람들이 그분의 식사 자리를 끊임없이 평가하고 있음을 알고 계셨다. "인자는 와서 먹고 마시매 너희 말이 보라 먹기를 탐하고 포도주를 즐기는 사람이요 세리와 죄인의 친구로다"(눅 7:34).

그분은 죄인의 친구이시며, 지금도 여전히 죄인들과 함께 식탁에 앉으신다. 우리는 떡과 잔을 나눌 때마다, 집주인이신 그분께서 종들과 함께 먹고 마시며, 우리를 위해 생명을 내어주시고, 우리를 '친구'라 부르셨다는 놀라운 진리를 기억한다. 광야에서 나누는 이 식사는, 장차 오게 될 영원한 잔치의 전주곡이다. "주인이 와서 깨어 있는 것을 보면 그 종들은 복이 있으리로다 내가 진실로 너희에게 이르노니 주인이 띠를 띠고 그 종들을 자리에 앉히고 나아와 수종들리라"(눅 12:37). 그날이 오면, 예수께서 친히 이렇게 물으실 것이다. "포도주를 더 마시겠니? 고기를 한 접시 더 줄까?"

가장 어두운 순간, 가장 가까이에

예수께서 주인으로서 보여주신 이 놀라운 행동들은, 시편 23편 5절에 담긴 다른 의미들을 이해하는 데 도움을 준다.

주께서 내 원수의 목전에서 내게 상을 차려 주시고

많은 주석가들이 시편 23편 5절의 "상"이 무엇을 의미하는지, "원수"가 누구인지, 그리고 그들이 보는 앞에서 잔치를 준비하시는 것이 어떤 뜻인지에 대해 다양한 견해를 제시해왔다. 어떤 이들은 이 "상"이 실제로 남아프리카의 테이블 마운틴(Tabletop Mountain)과 같은 고원 지대를 가리킨다고 본다. 목자가 양을 그와 같은 고지대로 이끌고 올라가, 맹수들이 지켜보는 가운데에서도 안전하게 풀을 먹이던 장면이라는 것이다.[11]

또 다른 주석가들은 "상"을 양들에게 먹이를 주기 위해 사용된, 나무로 만들어 높이 올린 식탁―현대식 여물통과 비슷한 구조물―으로 본다. 이는 땅에 있는 기생충이나 해충으로부터 양을 보호하기 위해 고안된 장치라는 것이다.[12]

그러나 더 설득력 있는 해석은 사무엘하 17장 27-29절에 등장한다. 그곳에서는 다윗이 압살롬에게 쫓겨 도망치는 와중에, 병사들에게 실제로 풍성한 음식을 공급받는 장면이 나온다.[13] 이와 마찬가지로, "원수"가 누구인가에 대해서도 다양한 해석이 존재한다.

우리는 때로 본문의 명확하지 않은 부분에서 오히려 도움을 받을 때도 있다. 열린 결말(open-endedness)은 우리에게 유익을 주는데, 성경도 종종 이런 방식으로 우리에게 말씀한다. 예를 들어, 우리는 사도 바울의 '육체의 가시'가 정확히 무엇인지 알지 못한다(고후 12:7). 그리고 어쩌면 그것이 알려지지 않은 것이 오히려 좋은 일이다.

그 모호함 덕분에 우리는 이 말씀을 다양한 고통과 상황에 적용하면서 하나님의 은혜가 어떻게 우리의 약함 가운데서 충분히 역사하는지를 더욱 폭넓게 경험할 수 있다(고후 12:9). 이처럼 하나님은 자만하기 쉬운 이들을 겸손하게 하시는 다양한 방법을 가지고 계시며, 자신의 강함을 드러내기 위해 우리를 약하게 하시는 수단도 여러 가지로 사용하신다.

그렇다. 이 세상에는 우리를 무너뜨릴 만큼 고통스러운 일들이 존재한다(고후 12장). 마찬가지로, 그리스도와 그의 양 떼를 해치려는 적들도 많다(시 23편). 이리와 도둑, 박해자가 있으며, 세상 자체와 우리의 육신, 마귀도 있다. 그러나 이 모든 것의 핵심은, 그런 적들이 우리를 공격할 때 예수께서 우리를 위하시고 우리와 함께하신다는 데 있다. 모두가 우리를 떠난다 해도, 예수님은 우리를 맞아들이고, 돌보며, 보호하고, 먹이신다.

실제로, 예수님의 시대와 그분의 삶과 사역에서 이러한 것들이 어떤 의미였는지를 살펴보는 일은 우리에게 큰 도움이 된다. 우리는 시편 23편 5절의 언어를 출애굽 사건의 반향으로 읽어야 한다. 그 반향은 메아리가 되어 예수님의 사역 안에서 더욱 크고 분명하게 울려 퍼진다. 그래서 우리는 그분의 빛 안에서 이 구절이 지닌 온전한 아름다움을 비로소 바라볼 수 있게 된다. 시편 78편은 광야에서 이스라엘 백성이 하나님께 반역했던 이야기를 담고 있다.

> 그들이 그들의 탐욕대로 음식을 구하여 그들의 심중에 하나님을 시험하였으며 그뿐 아니라 하나님을 대적하여 말하기를 하나님이 광야에서 식탁을 베푸실 수 있으랴(시 78:18-19)

이는 우리가 시편 23편에서 다윗의 구체적인 상황을 알지 못하더라도, 그가 출애굽의 형식에 따라 하나님이 언약에 신실하시다는 것과 끊임없이 공급하신다는 것을 노래하고 있음을 보여준다. 주께서 구원하고 속량하실 때, 그분의 양 떼는 반역한다. 주께서 먹이고 공급하실 때, 그들은 불평하고 의심한다. 그런 흐름 속에서 이 시편은 광야에서의 자연스러운 반응을 거스르는 다윗 자신의 고백이자, 목자이며 주인이신 하나님을 향한 애정 어린 사랑의 표현이다. 다윗은 이 시편을 통해 이기적인 양의 본능과는 달리 하나님은 참으로 신뢰할 수 있는 분이심을 배워가고 있음을 고백하고 있다.

우리는 이미 마가복음에서 예수께서 황폐한 곳에서 배고픈 사람들을 먹이시는 장면을 보았다. 그분은 자신의 능력을 의심하고 불신하는 사람들의 필요를 채우신다(막 6:34-37). 동일한 일이 마가복음 8장에서도 일어난다. "제자들이 대답하되 이 광야 어디서 떡을 얻어 이 사람들로 배부르게 할 수 있으리이까"(막 8:4). 이 말은 시편 78편 19절의 거의 직접적인 반향이다. 예수님은 자기 백성을 먹이시고 그들을 집으로 인도하러 오신 참된 주인이시지만, 사람들은 그분이 누구이신지, 그분이 무엇을 주실 수 있는지를 알아보지 못한다.

예수께서는 이 모든 일을 원수들 앞에서 행하셨다. 마가복음 6장의 헤롯을 기억하는가? 세례 요한에게 일어난 일이 동일한 메시지를 전하는 자들에게도 일어날 수 있다는 암시적인 위협이 그 장면에 드리워져 있다. 헤롯은 배경 뒤에 숨어서 분명한 위협의 그림자를 드리운다. 케네스 베일리는 복음서 속 예수님의 식사 장면 대부분이, 그 자리에 함께한 이들을 향한 비난 속에서, 혹은 예수의 식사 방식 자체를 살의의 눈초리로 바라보는 이들 앞에서 벌어진다고 지적한다.[14] "뭇 사람이 보고 수군거려 이르되 저가 죄인의 집에 유하러 들어갔도다 하더라"(눅 19:7). 식탁이 차려질 때, 십자가 또한 서서히 그 모습을 드러내기 시작한다.

이 모든 논의는 시편 23편 5절에 대한 C. S. 루이스의 다소 불행한 해석을 바로잡는 데 도움이 된다. C. S. 루이스는 적들 앞에서 잔치를 즐긴다는 생각에 "속좁고 저속한 (pettiness and vulgarity)"면이 있다고 보았고, 시편에 담긴 이런 생각을 "끔찍하거나 (감히 말하자면) 경멸스러운" 것으로까지 여겼다.[15] 한편 우리는 C. S. 루이스의 해석이, 본문 속 갈등이 이미 끝났다는 전제를 깔고 있다는 점에 주목할 필요가 있다. 그는 이 장면을, 원수에 대한 승리 선언이자 복수의 방식으로 그들을 굴욕 주는 모습으로 이해한 것이다.

하지만 시편 23편 5절은 전혀 그런 내용이 아니다. 만약 갈등이 여전히 진행 중이라면? 혹은 갈등이 절정에 치닫고 있는 중이라면? 만약 손님이 식사중에 여전히 원수들로부터 큰 위협을 받는 중이라면? 큰 위험 속에 있으면서도, 그들을 모욕하거나 깎아내리려는 것이 아니라, 오히려 그들을 초대하고 변화시키기 위해 식탁에 앉아 있는 것이라면 어떨까?

C. S. 루이스가 시편 23편 5절을 어떻게 해석했는지 좀 더 살펴보자. 우리가 주 예수께서 원수들 앞에서 먹고 마시는 모습을 보게 될 때, 루이스의 해석이 지닌 날카로움은 자연스럽게 그 힘을 잃는다. 예수께서는 그들에게 굴욕감을 느끼게 하려고 하신 것이 아니다. 오히려 자신을 낮추시며, 그 과정을 통해 자신의 겸손을 드러내셨다. 그들을 조롱하신 것이 아니라, 초대하신 것이다. "인자가 온 것은 잃어버린 자를 찾아 구원하려 함이니라"(눅 19:10). 문은 모두에게 열려 있다. 누구든지 와서 예수와 함께 먹고 마시고자 하는

가장 어두운 순간, 가장 가까이에

자에게는 넓고 풍성한 초대가 주어진다. 필요한 것은 단 한 가지, 자신이 길을 잃었다는 사실을 인정하는 것이다. 그렇기에 상은 원수들 앞에 차려져 있는 것이다.

그리고 바로 이 점이 중요하다. 그것은 '상(식탁)'이지, 정의의 심판대가 아니다. 상은 원수들 앞에 차려져 있다. 그러나 그 상이 차려진 자리는 심판의 법정이 아니다. 아직은 아니다. 그 상은 칼도 아니다. 아직은 아니다. 그저 식탁일 뿐이다. 예수께서는 이 식탁에서 하나님의 백성을 정의하신다. 그것은 곧 그분을 이스라엘의 참된 목자이자 선한 목자, 선지자들이 오랫동안 예언하고 하나님의 백성이 간절히 기다려온 메시아 잔치의 임마누엘 주인으로 알아보는 자들을 말한다. 식탁은 먹을 것과 마실 것이 있는 자리이며, 언약이 맺어지고 교제가 이루어지며, 관계가 회복되고 원수가 친구로 화해하는 자리이다. 그러나 동시에, 많은 이들이 이 자리에서 예수를 거부함으로써 자기 운명을 결정짓는다. 유다는 깨끗이 씻은 발로 떡과 포도주를 가진 채로 밤중에 밖으로 나갔다. 그는 살의를 품은 원수들 앞에서 사랑 많은 주인이 베푸신 식탁을 떠난 것이다.

이 장을 마무리하며, 처음으로 돌아가 다시 묻고 싶다. 이제 시편 23편 5절의 분위기에서 주 예수가 우리를 **어떻게** 환대하시는지 느낄 수 있는가? 예수께서는 우리의 모든 필요를 넉넉히 채우시는 완전한 충분함을, 그리고 가장 방탕한 탕자나 사악한 추방자에게도 아낌없이 베푸시는 사랑을 분명히 보여주셨다. 그분의 원수는 단지 '나쁜 일을 한 사람들'로 정의되지 않으며, 그분의 친구 역시 '선한 일을 한 사람들'로 정의되지 않는다. 아니다. 예수님의 진짜 원수는, 그분이 나쁜 일을 한 사람들과 함께 식사한다는 사실을 도무지 견딜 수 없어 하는 자들이다. 나 같은 사람, 그리고 당신 같은 사람 말이다.

그분의 환대는 광대하고 자유롭다. 그것은 피로 맺어진 언약이며, 떡과 포도주가 제공된다. 그것은 주고받는 계산과 조건으로 가득한 세상 한가운데에서 넘쳐흐르는 관대함의 바다와 같다. 케네스 베일리의 표현에 따르면 이것은 "값비싼 사랑"이다. 그는 "원수의 목전에서 베푸신 식탁"이라는 표현의 핵심을 이렇게 설명한다. 예수께서는 "누가 보고 있든 상관없이 나에게 값비싼 사랑을 보여주신다. 나를 적대하는 사람들이 그분의 행동을 지켜보고 그 적대감을 그분에게까지 확장할 것을 그분은 알고 계신다. 그러나 그분은 개의치 않으신다. 그럼에도 불구하고 사랑을 베푸신다."[16]

그래서 일부 주석가들은 "넘치는 잔"이라는 표현이 단순히 주인이 계속해서 나에게 베푸신다는 의미뿐만 아니라, 그런 풍성한 잔을 받는 이의 감정, 곧 감사와 감격을 담고 있다고 본다. 넘치는 잔이 풍성한 공급을 묘사한다면, 시편 23편 5절은 이 주인과 함께하는 삶이 "복으로 가득하고, 감사가 넘치는 삶"임을 말하는 것이기도 하다.[17] 다시 말해, 이 구절의 분위기는 단순한 관대함만이 아니라, 깊은 감사의 정서로 가득 차 있다. 더 정확히 말하자면, 그 구절은 크고 넉넉한 관대함에서 우러나온 깊은 감사의 숨결을 담고 있다.

예수께 대한 감사는 그 어떤 것과도 비교할 수 없을 만큼, 지금 내가 예수와 어떤 관계에 있는지를 드러내는 척도가 된다. 적게 용서받은 사람은 적게 사랑하고, 많이 용서받은 사람은 많이 사랑한다(눅 7:36-50).

해럴드 쿠쉬너의 말처럼, "감사의 습관을 기른 사람은 하나님의 축복을 받기 위해 얼마나 큰 그릇을 내놓든, 항상 넘치게 마련이다."[18]

스펄전은 이보다 더욱 인상 깊은 표현을 남긴다. 오두막에 사는 한 가난한 여인이 빵 한 조각을 떼어내고, 찬물 한 컵을 따르며 이렇게 말한다. "이 모든 것이 있는데, 예수 그리스도까지 계시다니!"[19]

끝까지 나를
따라오셔서

대부분의 주석가들은 시편 23편 6절에서 '따르다'로 번역된 히브리어 동사가 실제로는 훨씬 더 강렬한 의미를 지닌 단어라는 점을 지적한다. 리처드 브릭스는 이 단어에 대해 "내 생각에, 이 단어는 시편 전체에서 영어로 번역될 때 유일하게 지속적으로 잘못 번역된 단어이다"라고까지 말한다.[1] 실제로 이 단어의 본래 의미는 '뒤쫓다' 혹은 '추격하다'에 더 가깝다. 하나님의 선하심과 인자하심은 단순히 다윗의 뒤를 조용히 따라오는 것이 아니라, 멈추지 않고 끈질기게 추격해오는 것처럼 적극적으로 다가온다.

이 단어는 전투 장면에서 자주 사용되며, 죽음에 이를 때까지 쫓기는 극적인 상황을 묘사할 만큼 강렬한 의미를 지닌다. 그러나 이 단어가 항상 부정적인 뜻으로만 쓰이는 것은 아니다. 놀랍게도 때로는 긍정적이고 교훈적인 방식으로도 사용되어, 하나님의 적극적인 은혜와 집요한 사랑을 표현하기도 한다.

> 악을 버리고 선을 행하며 화평을 찾아 따를지어다(시 34:14)

브릭스는 시편 23편 6절을 이렇게 해석한다. "이 구절은 마치 하나님의 선하심과 인자하심이 스스로 움직이며 주도적으로 다가오는 존재인 것처럼 그려진다. '따르다'라는 말은 그저 뒤에서 묵묵히 따라오는 것으로 들릴 수 있지만, 실제로는 이 두 성품이 집요하고도 단호하게 나를 추격하는 모습에 가깝다."[2] 하나님께서는 바로 그 선하심과 인자하심을 나에게 보내신 것이다.

이제 우리는 이 시편을 통해 목자의 돌보심이 얼마나 적극적인지를 분명히 알 수 있다. 시편 23편 6절 역시, 주께서 우리를 위해 얼마나 놀라운 방식으로 일하시는지를 드러내는 중요한 증거이다.

이 의미는 '선하심'과 '인자하심'이라는 두 주체가 우리를 추격해온다는 사실을 곱씹을수록 더욱 깊어진다. 이 두 단어가 함께 사용된 것은 결코 우연이 아니다. '선하심'과 '인자하심'은 하나님과 무관하게 존재하는 어떤 추상적인 개념이나, 세상 어딘가에 떠다니는 비물질적인 힘이 아니다. 오히려 이들은 '언약적 명사(covenantal nouns)'라고 할 수 있다.

출애굽기 33장에서, 하나님께서 모세에게 "너는 내 목전에 은총을 입었고 내가 이름으로도 너를 앎이니라"(17절)라고 말씀하시자 모세는 하나님의 영광을 보여달라고 간청한다. 이에 하나님은 다음과 같이 응답하신다. "내가 내 모든 선한 것을 네 앞으로 지나가게 하고 여호와의 이름을 네 앞에 선포하리라 나는 은혜 베풀 자에게 은혜를 베풀고 긍휼히 여길 자에게 긍휼을 베푸느니라"(출 33:19).

하나님의 영광은 곧 하나님의 '선하심'이며, 그분의 이름 안에 드러나고, 이 둘은 하나님께서 구속하신 백성에게 베푸시는 언약적 사랑 안에서 나타난다. 이어지는 출애굽기 34장에서는 이렇게 선언된다. "여호와께서 그의 앞으로 지나시며 선포하시되 여호와라 여호와라 자비롭고 은혜롭고 노하기를 더디하고 인자와 진실이 많은 하나님이라 인자를 천대까지 베풀며 악과 과실과 죄를 용서하리라"(출 34:6-7).

출애굽 당시, 이스라엘 백성은 바로의 분노와 압제에 쫓겼다. 그러나 죄에서 벗어나 구원을 받는 여정에서 그들은 언약의 주님이신 하나님의 선하심과 인자하심에 쫓겼다. 한때는 폭정의 손아귀를 피해 달아났지만, 이제는 언약의 사랑이 그들을 집요하게 뒤쫓았다. 하나님께서는 그들의 반역에도 불구하고 결코 그들을 버리지 않으셨고, 언제나 그분께로 돌아올 수 있는 길을 마련해주셨다.

다윗은 자신을 추격해오는 '선하심'이 하나님의 언약적 선하심임을 알고 있었다. "주는 선하사 선을 행하시오니"(시 119:68). 또한 그를 바짝 뒤쫓는 '인자하심' 역시 하나님의 언약적 인자하심이라는 것을 알고 있었다. 이 단어는 히브리어 **헤세드**(hesed)로, 변함없는 사랑을 뜻한다. ESV 성경 주석에서도 언급되듯, 이 단어는 하나님의 신실하고 헌신적인 사랑, 충성스럽고 끈기 있는 사랑을 가리킨다. 그리고 이 단어의 관계적 성격은 아무리 강조해도 지나치지 않는다. '헤세드'는 두 존재 사이의 관계 속에서 한쪽이 다른 쪽을 향해

지니는 언약적 의무와 유익, 헌신을 표현하는 단어이다.[3]

피터 크레이기는 이렇게 말한다. "어떤 의미에서 출애굽과 광야의 언어가 시 전체를 관통하고 있으며, 그 모든 흐름이 **인자하심**이라는 표현 안에서 절정을 이룬다. 과거에 언약의 하나님께서 구속하신 백성에게 넘치도록 베푸셨던 그 인자하심은, 앞으로도 계속해서 동일하게 베풀어질 것이다."[4]

내가 좋아하는 영화 중 하나는 "도망자"(미국, 1993)이다. 이 영화에서 해리슨 포드는 아내를 살해했다는 누명을 쓰고 감옥에 수감된 리처드 킴블 박사 역을 맡았다. 킴블은 구금 중 탈출해 도망자가 되고, 자신의 무죄를 입증하고 누명을 벗기 위해 필사적으로 싸운다. 영화 전반에 걸쳐 그는 토미 리 존스가 연기한 냉정하고 집요한 연방보안관 사무엘 제라드에게 끈질기게 추격당한다.

영화의 마지막 장면에서(스포일러 주의), 긴박한 대치 상황에 선 제라드는 방 건너편에 숨어 있는 킴블을 향해 외친다. "난 자네를 믿어! 자네가 아내를 죽이지 않았다는 걸 알고 있어." 그 순간, 킴블의 얼굴 위로 안도감이 스쳐 지나간다. 그의 모든 노력이 마침내 결실을 맺은 것이다. 그는 마침내 결백을 입증받고 자유를 되찾는다. 어떻게 그런 일이 가능했을까? 그를 쫓아온 사람이 사실은 '선한 사람'이었기 때문이다. 킴블을 추격한 이는 부패한 경찰이 아니라, 정의롭고 선한 경찰이었다. 그리고 그는 진심으로 어려움에 처한 사람에게 자비를 베풀 줄 아는 인물이기도 했다. 바로 그 사실이 모든 것을 바꾸어 놓았다.

개인적인 경험에 비춰볼 때, 인간의 선함은 참으로 놀라운 것이다. 누군가의 진심 어린 선의는 때로 우리에게 생명을 불어넣고, 우리를 자유롭게 만든다.

변함없는 사랑 역시 마찬가지이다. 2022년 1월, 잉글랜드 밀턴킨스에 사는 론 본드와 조이스 본드 부부는 영국에서 가장 오래 결혼 생활을 유지한 부부로 뉴스에 등장했다. 그달, 두 사람은 결혼 81주년을 맞이했으며, 각각 102세와 100세였다. 이들의 이야기를 읽으면서 가장 미소 지어졌던 순간은, 결혼식 당일 주변 사람들로부터 "절대 오래가지 못할 것"이라는 말을 들었다고 회상한 장면이다. 나는 그들의 결혼식 사진과 결혼 81주년 기념사진을 번갈아보며, 바로 이것이 '변함없는 사랑'임을 깨달았다. 그 사랑은 다른 어떤 곳도 아닌, 오직 서로를 향해 계속 움직였다. 떠나지 않고, 상대를 계속 찾아가며, 끝까지 곁에 머무는 사랑이었다.

가장 어두운 순간, 가장 가까이에

시편 23편 6절은 참으로 아름다운 이야기를 들려준다. 이 시편을 읽는 내내 **우리는** 선한 목자를 따라가는 데 집중해왔지만, 문득 어깨 너머를 돌아보면 **우리를** 끈질기게 뒤쫓고 있는 두 가지를 발견하게 된다. 바로 '선하심'과 '인자하심'이다. 이는 하나님께서 자신의 백성을 열렬히 추격하시며 구애하시는, 마치 결혼 서약과도 같은 변함없는 사랑이다. 하나님의 이러한 추격은 우리를 두렵게 하는 것이 아니라, 오히려 우리를 기쁘게 하고, 귀하게 여기시는 은혜의 손길이다.

설교자들은 종종 여기서 말하는 '선하심'과 '인자하심'을 양 떼 뒤편에서 무리를 몰고 오는 두 마리 양치기 개에 비유한다. 찰스 스펄전은 이 둘을 "내 뒤에서 언제나 나를 지키고 내 부름에 응답하는 위대한 수호천사들"로 상상했다.[5] 데일 랄프 데이비스는 이를 "두 명의 특별 요원"이자 다윗의 뒤를 바짝 따라다니며 그를 붙들고 지켜주는 "사랑스러운 동반자들"로 묘사한다.[6]

앞서 소개한 이미지들도 충분히 강렬하지만, 이 본문이 전하려는 메시지는 그보다 훨씬 더 놀랍다. 이 구절은 사실상 "주께서 친히 우리를 추격하신다"는 또 하나의 표현이다. 물론 '선하심'과 '인자하심'은 하나님의 신적 속성이다. 하지만 이 두 단어가 동사의 공동 주어로 기능하고 있다는 사실은, 이 속성들이 인격화되어 있다는 점을 보여주며, 이는 곧 이 단어들이 언약의 주님 **자신을** 우리에게 드러내는 방식이라는 점을 강조하는 것이다.

시편 기자가 "주의 빛과 주의 진리를 보내시어 나를 인도하시고"(시 43:3)라고 고백할 때, 그것은 단지 추상적인 개념이 아니다. 그는 하나님께서 친히 빛과 진리를 통해 거룩한 처소로 인도해주시기를 간구하고 있는 것이다. 이 본문도 마찬가지다. 하나님은 그저 '선하심'과 '사랑'을 지니고 계신 분이 아니다. 그분 자신이 바로 선하심이며 사랑이시다. 하나님께서는 우리에게 자신을 내어주시기 위해 자신의 성품들을 보내신다. "내가 친히 가리라 내가 너를 쉬게 하리라"(출 33:14)라는 말씀은 바로 그 진실을 드러낸다.

따라서 이 아름다운 명사들과 강렬한 동사가 결합될 때, 우리는 하나님께서 자신의 선하심과 인자하심을 통해, 우리가 삶 속에서 그분을 직접 경험하도록 의도적으로 찾아오신다는 사실을 깨닫게 된다. 이 모든 것을 종합하면, 결국 한 가지 놀랍고 아름다운 진리에 이르게 된다. 바로, 주님께서 친히 자기 백성을 추격하신다는 사실이다.

이제 우리는 시편 23편의 마지막 절에 도달하여, 이 시편의 맺음말을 마주하고 있다. 흥미롭게도 히브리어 본문을 보면, (표제를 포함할 경우) 이 시편의 세 번째 단어는 '여호와'(1절)이며, 끝에서 세 번째 단어 또한 '여호와'(6절)이다. 이 두 곳은 시편 전체에서 유일하게 하나님의 이름이 등장하는 부분이다. 다시 말해, 언약의 주님은 문학적으로도 이 시편 전체를 감싸고 계시며, 실제로도 우리 삶 전체를 감싸주시는 분임을 이 시편은 찬양하고 있는 것이다.[7]

본문의 형식은 본문의 내용과 아름답게 조화를 이루고 있다. 1-3절에서는 목자 되신 주께서 우리 앞에 서서 우리를 인도하시고, 4절에서는 우리와 함께 걸으시며 광야를 지나가게 하신다. 이어지는 5절에서는 우리를 당신 앞에 앉히고 환대해주신다. 이제 마지막 6절에 이르면, 주께서는 우리 뒤에 계시며, 그분의 선하심과 인자하심을 보내어 우리를 뒤에서부터 추격해오신다.

누구나 한 번쯤은 주요 인사가 이동할 때 경찰의 호위를 받는 장면을 본 적이 있을 것이다. 앞뒤로 차량을 배치하고, 특별히 보호해야 할 인물은 그 사이에 위치한다. 보통 양옆에도 경찰이 함께하며, 철저한 경호가 이뤄진다. 이보다 더 안전한 여행 방법이 있을까? 앞에서도, 옆에서도, 그리고 뒤에서도 완벽하게 보호받는 완전한 안전, 철저한 경호, 충분한 돌봄 말이다. 시편 23편이 주는 인상은 바로 이러한 느낌이며, 이는 시편 139편 5절의 표현과도 정확히 일치한다.

주께서 나의 앞뒤를 둘러싸시고 내게 안수하셨나이다

하지만 이제 이 말씀을 한층 더 놀랍고 깊이 있는 차원으로 끌어올리는 또 하나의 요소에 주목해보자.[8] 바로 ESV 성경에서 이 구절의 맨 앞에 나오는 "정녕(Surely)"이라는 수식어이다. 브릭스는 이 단어에 대해 "이 단어는 시편 앞부분의 모든 구절을 하나로 모아 결론짓는 느낌을 준다"고 말했다. 즉, 이 단어는 주께서 목자로서 우리를 인도하시고 손님으로 맞이하신 결과가 분명히 따를 것임을 요약하는 표현이다. "정녕"은 강조와 확신의 어조를 담은 단어로, 이 모든 일이 반드시 이루어질 것임을 힘 있게 선포한다.

하지만 나는 이 단어가 다윗이 말하려는 목자의 돌보심의 깊이를 충분히 드러내지 못한다고 생각한다. 실제로 이 단어는 "오직(only)"으로도 번역될 수 있으며, 이는 ESV 각주에서도 언급되어 있다. 이렇게 번역할 경우, 이 단어는 단순한 강조를 넘어서, 그 외에는 어떤 것도 뒤따르지 않는다는 제한적 의미를 갖는다. 다시 말해, 이는 단순한 강조가 아니라 오직 하나님의 선하심과 인자하심만이 나를 따를 것이라는 강력한 신앙의 선언이다.

이 말이 담고 있는 의미는 이렇다. 다윗은 지금까지 지나온 자신의 삶을 되돌아보며, 푸른 초장과 쉴 만한 물가와 같은 평안한 순간들뿐 아니라, 사망의 음침한 골짜기와 같이 어둡고 힘겨운 시간들까지도, 그 모든 순간에 하나님의 선하심과 한결같은 사랑이 함께했음을 고백하고 있는 것이다. 다윗은 본질적으로 이렇게 말하고 있는 셈이다. "내 삶에 일어난 모든 일 속에서 나는 **오직** 하나님의 선하심과 자비하심만을 본다." 이 번역을 제안한 주석가들의 말처럼, 이는 참으로 "놀라운 표현"이다.[9]

삶의 장면들은 끊임없이 바뀌며, 그 안에는 악과 고통, 괴로움이 가득하다. 하지만 그 어떤 상황도 하나님이 나쁘신 분이라는 증거가 될 수 없다. 바로 이것이 놀라운 신앙 고백이다. 오히려 목자 되신 하나님의 인도 아래 그분과 평생 동행하는 이들은 자신에게 일어나는 모든 일 속에서, 심지어 어떤 상황 속에서도 하나님께서 언제나, 그리고 오직, 양들을 향해 선하고 자비로우신 분임을 발견하게 된다. 데이비스의 표현을 빌리자면, "믿음에는 잔혹한 현실을 흔들림 없는 신뢰와 결합시킬 수 있는 어떤 신비로운 화학작용 같은 것이 있는 것이다."[10]

이 말이 지닌 강렬함을 잠시 생각해보자. 그 강렬함은 일어나는 모든 일을 감싸는 원(circle)뿐만이 아니라, 그 모든 일을 관통해 그려지는 선(line)에도 있다. 주님은 "내 평생에"(시 23:6) "오직" 그렇게만 행동하신다. 매일, 하루하루, 언제나. 그분에게는 쉬는 날도 없고, 적당히 대충 넘기는 날도 없다. 선하심으로 우리를 추격하는 데 주저하거나 늦어지는 날도 없고, 자비로 따라오시는 일을 깜빡하시는 날도 없다. 실수로 선함과 사랑 대신 악함과 증오를 보내시는 날도 결코 없다. "주는 선하사 선을 행하시오니"(시 119:68).

가족과 심한 말다툼을 해본 적이 있다면, 이런 말을 했거나 들어본 적이 있을 것이다. "너는 항상 그래." 이런 표현을 썼다는 것은 대개 상황이 격해지고 이성을 잃었다는 신호이다. 이런 말이 나오는 순간은 잠시 물러나 마음을 가라앉히고 균형잡힌 시각을 되찾을 필요가 있다.

"너는 맨날 이러잖아…, 항상 그래, **항상**."

그러나 이 글을 읽고 있는 친구여, 다윗이 지금 무엇을 말하고 있는지 보이는가? 다윗은 방금 언급한 바로 그 **단어**를 하나님께 사용하고 있다. 그런데 그것은 전혀 다른 방향, 완전히 반대의 의미를 지닌다. 그는 하나님께 이렇게 말한다. "**항상** 이러시네요." 극히 개인적이고 강렬하며 아주 직접적인 고백이다. 하지만 이 말은 감정이 폭발한 비난의 외침과는 정반대의 방향을 향해 있다. 이것은 사랑의 노래이다. "주님, 당신은 늘 이러십니다. 당신은 언제나 선하시고, 언제나 자비로우십니다. 나는 수도 없이 넘어지고 실패했지만, 내가 돌아볼 때마다 내 뒤를 바짝 따라오고 있는 건 오직 당신의 선하심과 인자하심뿐이었습니다."

놀랍지 않은가? 잠시 상상해보라. 누군가에게 "당신은 항상 틀려요"가 아니라 "당신은 항상 옳아요"라고 말한다고. 정말로 그 말이 사실이 되려면, 그는 도대체 어떤 존재여야 하는가? "당신은 항상 옳습니다. 당신은 결코 잘못을 저지르거나 부당한 일을 행하지 않으며, 언제나 자비롭고, 늘 신실하십니다. 당신은 항상 긍휼을 베풀고, 늘 용서하며, 언제나 친절하십니다." 참으로 아름다운 고백이다.

인간의 변함없는 사랑, 예를 들어 81년 동안 지속된 사랑이라면 그 자체로 충분히 경이롭고 놀랍다. 그러나 불타는 떨기나무 가운데 나타나신 여호와 하나님, 선한 목자 되신 주 예수님의 한결같은 사랑과 선하심이 친히 우리를 끝까지 추격해오신다는 사실을, 우리는 과연 제대로 받아들이고 있는가? 우리가 결국 삶 속에서 마주하게 되는 것이 하나님의 선하심과 자비하심뿐인 이유는 단 하나, 하나님께서 본래 그러한 분이시기 때문이다.

덧붙이자면, 이것은 목자장이신 그리스도 아래서 양들을 맡아 돌보는 목회자들이 반드시 마음에 새겨야 할 교훈이기도 하다. 우리가 지팡이를 들고 양 떼를 이끌고 막대기로 그들을 불러모을 때, 양들이 돌아보아 마주치는 것은 우리의 선함과 자비로움이어야 한다. 많은 목회자들은 양들이 자신의 목회적 돌봄에 왜 긴장하고 거리감을 느끼는지 의아해한다. 하지만 어쩌면 그 이유는, 양들이 목자장이신 주님의 인자하심보다 우리에게서 드러나는 짜증과 답답함이 더 가까이에서 따라오는 것처럼 느끼기 때문인지도 모른다.

그러나 우리는 "오직"이라는 단어에 담긴 놀라운 의미를 깊이 숙고해보아야 한다. 정말로 나를 따르는 것이 오직 선하심과 인자하심뿐일 수 있을까? 정말 그럴까? 내 삶을 돌아보면, 그리고 당신의 삶을 들여다보아도, 분명 선하지 않거나 사랑스럽지 않은 일이 많을 것이다. 때로는 그런 것들이 마치 모든 것을 장악하고 있는 것처럼 느껴지기도 한다. 과연 이 '오직(only)'이라는 말을 믿고, 소망을 품고 살아가는 것이 가능할까?

나는 이 글을 쓰면서도 손이 떨린다. 이 글을 읽는 당신도 어쩌면 떨고 있을 것이다. 당신은 지금 너무도 거칠고 가혹한 현실 속에서 처절하게 무너지고 있는지 모른다. 이런 상황에서 '흔들리지 않는 믿음'을 품는다는 것은 도무지 상상조차 되지 않을지도 모른다. 죽음, 질병, 부상, 난임, 깊은 슬픔…. 당신은 지금 정확히 '사망의 음침한 골짜기' 한가운데에 있다. 어둠이 가장 가까운 친구이자 어쩌면 유일한 친구처럼 느껴지고, 혼란과 당혹스러움만이 당신을 따라다닌다. 주위를 둘러봐도 하나님의 선하심과 인자하심은 보이지 않는다. 그런 와중에 이것들만이 "오직" 나를 따른다고 믿는 건, 그저 꿈같은 말처럼 들릴지도 모른다.

이 신학적 관점과 씨름하고 있는 당신에게 말하고 싶다.

만약 지금의 현실이 너무도 고통스러워 이 진리를 받아들일 수 없다면, 잠시 시편 23편 6절 속 "손님"(시편 23편의 화자)의 시점에 주목해보자. 선하심과 인자하심이 그를 **뒤에서** 따라오고 있다. 그는 앞으로 나아가고 있고, 그것들은 그의 뒤에 있다. 때로는 지나온 삶을 되돌아볼 때에야 비로소 주님의 선하심과 한결같은 사랑이 거기 있었다는 사실을 깨닫는다.

지금 이 순간, 당신이 그것을 느끼지 못하더라도 주님은 여전히 골짜기 한가운데서 당신과 함께 계신다. 그분은 당신의 모든 날에, 좋은 날뿐 아니라 가장 힘든 날까지도 변함없이 당신과 동행하실 것이다. 그리고 언젠가 당신은 인생에서 가장 끔찍했던 경험들, 가장 두려웠던 순간들, 가장 깊은 어둠의 골짜기를 돌아보며 이렇게 고백하게 될지도 모른다. "이제야 알겠습니다. 그때도 하나님의 선하심과 인자하심은 나를 떠난 적이 없었다는 것을요."

많은 주석가들이 지적하듯, 다윗의 삶 자체가 우리에게 이 진리를 가르쳐준다. 추악한 간음 사건, 근친상간, 살인, 내전, 자녀들의 죽음…. 이 시편을 기록한 한 평범한 사람이 직접 겪은 그 혹독한 광야의 여정을 우리는 결코 가볍게 여겨서는 안 된다. "다윗을 지키던 선하심은 늘 그의 뒤에 있었지만, 다윗 자신은 때때로 그것을 외면한 적도 있었을 것이다. 그러나 그가 뒤를 돌아보았을 때, 그는 자신을 따라오던 그 선하심을 생생히 볼 수 있었다."[11]

우리가 직접 겪는 경험이 반드시 우리 상황을 해석하는 유일한 렌즈가 될 필요는 없다. 믿음의 여정에서 우리는 "하나님을 사랑하는 자 곧 그의 뜻대로 부르심을 입은 자들에게는 모든 것이 합력하여 선을 이루느니라"(롬 8:28)라는 살아 있는 확신에 도달할 수 있다. 이러한 확신은 당장의 고통을 없애주지는 않지만, 그 고통을 견디게 해주며, 우리가 골짜기 한가운데에서 하나님께 아픔을 올려드릴 때, 방향을 제시하는 나침반이 되어준다. 데일 랄프 데이비스는 시편 23편 6절의 진리를 다음과 같이 보여준다.

> 1680년 여름, 언약도(Covenant, 17세기 스코틀랜드에서 장로교 신앙과 교회의 자유를 지키기 위해 국가 권력에 맞서 싸운 개신교 신자—역주)였던 앨런 캐머런은 에든버러의 감옥에 갇혀 있었다. 그는 당시 아들 리처드가 에어즈 모스 전투에서 죽었다는 사실을 알지 못하고 있었다. 어느 날, 한 기병이 감옥 문을 열고 들어와 피로 얼룩진 머리와 두 손을 바닥에

내던지며 외쳤다. "이게 누구의 것인지 아느냐?" 캐머런은 그것들을 무릎 위에 올려놓고 말했다. "알지요. 내 아들의 것입니다. 내 사랑하는 아들의 것이에요." 그리고는 조용히, 그러나 굳건히 덧붙였다. "주는 선하십니다. 주께서는 결코 나나 내 가족에게 잘못을 행하실 수 없습니다. 주께서 내 평생에 선하심과 인자하심이 나를 따르게 하셨습니다."
이 이야기는 우리의 이해를 뛰어넘는 것처럼 느껴진다. 그러나 골짜기(4절)와 원수(5절), 심지어 눈앞에 놓인 처참한 시신조차도, 시편 23편 6절 상반절의 "내 평생에 선하심과 인자하심이 반드시 나를 따르리니"라는 말씀의 진리를 무효화할 수 없다.[12]

가까운 시대에도 이러한 예가 있다. 헬렌 로즈비어(Helen Roseveare) 박사는 1950-60년대에 〈아프리카의 심장 선교회〉(Heart of Africa Mission) 소속으로 벨기에령 콩고(현재의 콩고민주공화국)에서 의료선교사로 활동한 영국인이다. 1964년 콩고 내전이 한창이던 때, 그녀는 무참히 구타당하고 성폭행을 당하는 끔찍한 일을 겪었다. 그 밤을 회고하며 그녀는 이렇게 말한다. "그 끔찍한 밤, 얻어맞고 멍들고, 두려움과 고통에 떨며, 말로 다 표현할 수 없을 만큼 외로웠던 그 순간에, 나는 하나님이 나를 버리셨다고 느꼈습니다. 하나님께서 조금만 더 빨리 개입하셨더라면…, 그랬더라면 상황이 그렇게까지 악화되지는 않았을 것입니다. 나는 말 그대로 아무것도 없는, 완전한 절망의 밑바닥에 떨어진 것 같았습니다."[13]

이 고백은 그러한 종류의 트라우마를 겪어본 사람이라면 누구나 깊이 공감할 수 있는 표현일 것이다. 하지만 놀랍게도 그녀가 실제로 겪은 그 끔찍한 경험조차도 결국 그녀가 붙든 믿음 안에서 다시 빚어지고 재해석되었다.

> 끔찍하고 가슴 찢어지는 성폭행의 경험 가운데서도, 하나님은 두 팔 벌려 사랑으로 나를 만나주셨습니다. 믿기 힘든 경험이었지만 하나님은 정말 그 자리에 완벽하게 나와 함께 계셨고, 나를 온전히 이해하셨습니다. 그분의 위로는 완전했습니다. 그리고 어느 순간, 나는 비로소 알게 되었습니다. 정말로 깨달았습니다. 하나님의 사랑은 말로 표현할 수 없을 만큼 충분하다는 것을 말입니다. 그분은 나를 진심으로 사랑하셨습니다! 깊이 이해하셨습니다!"[14]

이렇게 끔찍한 상황에서도 하나님이 여전히 자신의 양을 따라가고 계셨다는 사실은, 도무지 믿기 어려운 일처럼 느껴질지도 모른다. 하지만 헬렌 로즈비어의 인생 이야기를 들여다보면, 분명하게 알 수 있다. 하나님께서 한 사람 안에서 이루시는 일과 그 사람을 통해 이루시는 일은 우리가 상상하는 것보다 훨씬 더 크고 놀랍다는 사실을 말이다. 그럼에도 우리는 너무 자주 이보다 얕고 편안한 수준에서 스스로 만족하는 데 그친다.

단 한 단어가 믿을 수 없을 만큼 선명하게 다가왔다. 그 단어는 바로 '특권(privilege)'이었다. 하나님은 내게서 고통이나 잔인함, 수치심을 없애주신 것이 아니었다. 전혀 아니었다! 그 모든 것은 여전히 내 삶에 남아 있었다. 하지만 이제 모든 것이 완전히 달라져 있었다. 그 고통은 더 이상 홀로 감당해야 할 짐이 아니었다. 이제 그것들은 주님과 함께 있는 것이 되었고, 주님을 위한 것이 되었으며, 주님 안에 있는 것이 되었다. 하나님은 나에게 그분의 고난에 아주 조금이라도 동참할 수 있는, 말로 표현할 수 없이 귀한 특권을 실제로 허락하셨다. 그 후 몇 주 동안 감옥에서

지낸 시간과 수년간 이어진 사역을 돌아보며, 나는 그 희생의 '대가'를 계산해보려 했다. 하지만 언제나 그 모든 것은 이 특권의 크기 안에서 완전히 삼켜지고 말았다. 이 특권의 위대함과 영원함 앞에서 내가 치른 희생의 대가는 너무도 작고 순간적인 것처럼 느껴졌다.[15]

나는 이 이야기를 소개하면서, 우리가 겪는 고난의 골짜기마다 헬렌 로즈비어가 경험했던 것과 동일한 방식으로 하나님을 만나게 된다고 말하려는 것은 아니다. 다만 내가 전하고 싶은 것은, 그녀의 증언은 단지 한 개인의 특별 사례가 아니라는 점이다. 그녀의 증언은 교회 역사를 거슬러 올라가 성경 속 다윗에 이르고, 더 나아가 구속사 속 수많은 신실한 증인들과 함께 서 있는 한 사람의 증언이다.

그들은 한결같이 선포하길, 우리가 고통 속에 있을 때조차 선한 목자께서는 결코 우리를 버리지 않으셨다고 말한다. 그리고 그들 각자의 삶은 우리에게 말하길, 하나님께서 우리 삶에 대해 가지신 주권적인 목적은 언약에 신실하신 여호와, 곧 위대하신 '스스로 있는 자(I Am)'이신 그분의 본성과 완벽하게 일치하는 방식으로 이루어지고 있다고 한다.

이것이 바로 성경의 이야기다. 성경에서 악명 높은 인물 중 하나인 야곱은 자신의 죄와 타인의 죄로 인해 극심한 고통과 아픔을 겪었음에도 이렇게 고백한다. "나의 출생으로부터 지금까지 나를 기르신 하나님"(창 48:15). 놀라운 사실은, 성경에서 하나님을 '목자'로 처음 언급한 이 장면이 공동체의 선언이 아니라, 개인적인 고백으로 등장한다는 점이다.

구속의 역사에서 요셉, 모세, 한나, 나오미, 룻, 그리고 다윗 같은 인물들을 떠올려보라. 어두운 골짜기, 타오르는 불길, 깊은 물을 통과했던 이 신앙의 사람들에게 그때 무엇을 경험했는지 묻는다면, 그들은 하나같이 이렇게 대답할 것이다. "주님이 저와 함께하셨습니다."[16]

주님이 당신과 함께하신다.

내 조카 레일라 주디스 그레이스는 세상에 태어났을 때 이미 숨이 멎어 있었다. 그 아이의 짧은 생을 추모하는 장례식에서, 우리는 장 칼뱅이 지은 찬송으로도 널리 알려진 "날 구속하신(I Greet Thee, Who My Sure Redeemer Art)"을 함께 불렀다. 그 찬송에는 이런 아름다운 가사가 담겨 있다.

주님의 사랑 한량 없으니

가장 어두운 순간, 가장 가까이에

나 같은 죄인 주 안에 살고
내 안에 주님 항상 계시니
죄악이 나를 주장 못하네[17]

   내 동생 부부가 레일라의 죽음 이후 자주 이야기하듯, 때로 이런 일들은 말보다 조용한 인내와 숙연한 침묵 속에서 가장 잘 이해될 수 있다. 왜냐하면 고통스러운 섭리조차도 참되고 완전한 목자의 온유하심이 우리를 뒤따르고 있다는 사실을 인정하는 자리로 이끌기 때문이다. 때로 우리는 욥처럼 입을 가리고 하나님 앞에서 잠잠히 기다리는 법을 배워야 한다. 그렇지 않으면, 자칫 목자가 자신의 양들에게 가혹하고 쓰디쓴 태도를 보인다는 원망을 들을 것이다.

   때로 이런 일들은 눈물 속에서 보이지 않는 어둠을 지나며 믿음으로 노래할 때 가장 잘 이해된다.

   하지만 그럴 때에도 우리의 고백은 언제나 동일하다. 주님은 선하시며, 항상 선하시다. 그리고 그분은 언제나 자신의 모든 백성에게 그 어떤 길에서든 오직 선하심과 인자하심만을 베푸신다.

영원히 거할 그곳으로
나를 부르시네

나는 지금 스코틀랜드 하이랜드의 외딴곳에서 이 글을 쓰고 있다. 조용히 머물며 글을 쓰기 위해 이곳으로 숨어든 것이다. 주변 풍경은 숨이 멎을 만큼 아름답고, 머무는 장소도 멋지다. 내게 주어진 환경은 내가 기대했던 것보다 훨씬 더 풍족하다. 지금 이 순간, 나는 필요로 하는 모든 것을 갖고 있다. 하지만 나는 집으로 가고 싶다.

며칠이 지났다. 새로운 환경이 주는 즐거움과 새로운 만남이 주는 기쁨도 분명 크다. 하지만 결국 나는 지금 내가 가장 사랑하는 사람들과 내가 가장 소중히 여기는 장소에 있지 않다. 나는 집에 있지 않다.

만약 "주께서 나와 함께 하심이라"(시 23:4)라는 말씀이 성경 전체의 핵심을 한마디로 요약한 것이라면, 시편 23편의 마지막 구절은 성경 전체 이야기의 절정을 담아내는, 아름답고도 최종적인 신앙의 고백이라 할 수 있을 것이다.

내가 여호와의 집에 영원히 살리로다(6절)

이것이야말로 궁극적인 의미의 '함께 있음'이다. 이것이 바로 성경이 펼쳐보이는 거대한 드라마이며, 동시에 우리를 초대하시는 목자이자 주인이신 하나님의 인격적인 부르심이다. 하나님은 우리와 함께하시기 위해 오시고(4절), 우리는 그분과 함께 있기 위해 그분께 나아간다(6절). 그분은 우리를 자신이 거하시는 곳으로 초대하시며, 거기서 영원토록 그분과 함께 살라고 부르신다. 리처드 브릭스의 말처럼, 이 시편은 마침내 "시각적인 이미지 그 자체를 뛰어넘어서, 하나님에 대한 신뢰와 확신의 자리"로 우리를 데려다놓는다.[1]

나는 가끔 멋진 집에 초대받거나 훌륭한 서비스를 제공

하는 좋은 호텔에 머물게 될 때가 있다. 그런 곳에서는 손님으로서 환대를 받고 멋진 경험을 하기도 한다. 하지만 언제나 떠나야 할 날은 찾아온다. 호텔은 훌륭한 음식과 쾌적한 객실을 제공하지만, 그곳이 나를 잘 대해주는 진짜 이유는 내가 그만큼의 돈을 지불하기 때문이다. 돈이 끊기면 환대도 함께 사라질 것이다. 나는 사랑받기 때문이 아니라 대가를 지불했기 때문에 좋은 대접을 받는 것이다. 관대한 주인의 멋진 집에 있을 때도 마찬가지이다. 우리는 친구일 수는 있어도 가족은 아니다. 나는 그 집에 '사는 사람'이 아니라, 잠시 '머무는 사람'일 뿐이다.

시편 23편 6절에서 다윗은, 목자가 앞서 인도하시며 우리가 걸어온 모든 날과, 뒤에서 우리를 따라오던 선하심과 인자하심의 날들을 지나, 이제 우리를 한걸음 더 나아가게 하신다고 말한다. 우리는 그동안 길 위에서도, 골짜기 속에서도 언제나 목자의 보호하심 아래 안전하게 지켜져왔다. 그리고 이제 다윗은 확신에 찬 목소리로 우리가 마침내 목자의 집에 이를 것이라고 선포한다.

그리고 우리가 그 집에 들어서는 순간, 따뜻한 음성이 우리를 맞아줄 것이다. "이제 너는 나와 함께 있게 되었구나.

집에 온 거야. 환영한다. 바로 여기야. 모자를 벗어서 걸어두렴. 이곳이 네가 영원히 살 집이란다."

이 구절에서 "영원히(forever)"라는 표현의 의미에 다소 논쟁의 여지가 있다. 히브리어 원문을 문자 그대로 번역하면 "긴 날 동안(for length of days)"이라는 뜻이기 때문에, 이를 두고 일부 학자들은 이 표현이 과연 영원한 시간, 곧 사후의 삶을 의미하는 것인지에 대해 의문을 제기한다. 다윗이 여기서 단순히 "자신이 살아 있는 동안 그렇게 살게 될 것이다"라는 의미로 말했을 수도 있다는 것이다.

하지만 나는 이 "긴 날 동안"이라는 표현을, 앞 구절의 "내 평생에"(all the days of my life)라는 구절과 단순한 동의어로 보기보다는, 그 기간을 강조하는 표현으로 읽는 것이 더 적절하다고 생각한다. 실제로 시편 21편 4절, 93편 5절, 예레미야애가 5장 20절 등에서 이 표현은 명백히 끝없는 생명, 즉 '영원히'라는 의미로 사용된다. 많은 주석가들 또한 이 구절에서 그러한 의미가 의도되었음을 설득력 있게 논증하고 있다.[2] 우리가 주님과 함께 살게 되면, 다시는 그 집을 떠나야 할 일이 없을 것이다. 그 삶은 결코 끝나지 않을 것이다.

이번에는 시편 23편 마지막 구절에 달린 또 하나의 각주를 함께 살펴보며, 그 안에 담긴 풍성한 의미를 나누고자 한다. 여러분은 이 구절이 이렇게도 번역될 수 있다는 것을 알게 될 것이다.

"내가 여호와의 집으로 **돌아가** 영원히 **살리로다**."

이 번역에는 언어적, 신학적으로 충분한 근거가 있으며, 이 책의 마지막을 함께 마무리하며 꼭 여러분에게 소개하고 싶은 표현이다. 이 짧은 문장은 단 몇 마디 안에 성경 전체의 이야기를 압축해 담고 있을 뿐 아니라, 앞서 말한 "지금 내가 있는 이곳은 집이 아니다"라는 감정을 완벽하게 포착해낸다.

인간은 걷고 말하는 귀소 본능을 지닌 존재다. 우리 안에는 사람과 장소에 반응하는 일종의 내비게이션 시스템이 내장되어 있으며, 우리는 특정한 사람에게, 특별한 장소로 되돌아가고자 하는 강한 본능을 가지고 있다. 그런데 이 본능은 어디서 비롯된 것일까? 그리고 왜 때로는 그것이 그렇게도 절실하게 느껴지는 것일까?

나는 이것이 바로 하나님께서 우리를 지으신 방식이라고 믿는다. 우리는 하나님과의 교제를 위해 창조되었으며, 우리 존재의 궁극적인 목적은 하나님과 함께 거하는 것에 있다. 하지만 우리가 너무도 잘 아는 것처럼, 이 교제는 우리의 타락과 반역, 죄로 인해 깨어지고 말았다. 그러나 이 모든 비극조차도 하나님의 원래 설계를 지워버리는 일에 실패했다. 지금 우리의 영적 내비게이션은 고장 나 있다.

우리는 스스로 하나님께 돌아가는 길을 알지 못할 뿐 아니라, 때로는 그 길을 찾고 싶어 하지 않는다. 오히려 그 반대 방향으로 가려는 경우가 더 많다. 그럼에도 불구하고 우리 존재의 가장 깊은 곳에는 여전히 창조주와 다시 연결되려는 본능적인 갈망이 남아 있다. 아우구스티누스가 그 유명한 『고백록』에서 이렇게 말한 것처럼 말이다. "주님, 주님은 우리를 주님을 향해 살도록 지으셨습니다. 그렇기에 우리의 마음은 주 안에서 안식을 얻기까지는 쉼이 없습니다."[31]

이것은 '돌아감'을 향한 믿음의 고백이자, 인간은 어디에 있든 결국 자신을 지으신 하나님과 함께 있어야 한다는 자각이다. 나는 우리가 이 세상에서 느끼는 모든 소속감이 사실은 우리 존재 깊은 곳에서 울려 퍼지는 영원한 본향을 향한 메아리라고 믿는다.

시편 23편은 그런 우리를 찾아오셔서 집으로 데려가시는 하나님을 찬양하는 노래이다. 여정이 길기에 우리는 목자가 필요하고, 길이 위험하기에 동행자가 필요하며, 지치기 쉬우므로 우리를 맞아줄 주인이 필요하다. 그러나 이 여정은 처음부터 분명한 목적지를 향해 가고 있었다. 바로 여호와의 집, 그 회복의 자리, 우리의 참된 본향으로 돌아가는 것이다.

이 책을 쓰면서 새롭게 알게 된 사실이 한 가지 있다. 내가 가장 좋아하는 시편 23편의 찬송가 버전인 "The King of Love My Shepherd Is"(내 목자는 사랑의 왕)에는 영어 성경의 일반적인 번역을 기준으로 읽을 경우, 다소 낯설게 느껴질 수 있는 가사가 포함되어 있다.

어리석게 방황해도 사랑의 손으로써
인자하게 주의 집에 날 인도하셨도다

어리석게 방황해도 사랑의 손으로써
주님이 거한 집으로 날 인도하시었네[4]

케네스 베일리 같은 학자들은 이 표현이 시편 23편 2절에 대한 가장 뛰어난 번역 중 하나라고 평가한다. 우리가 일반적으로 "내 영혼을 소생시키시고(He restores my soul)"라고 번역하는 이 구절에서, '소생시키다(restore)'로 번역된 히브리어 단어는 문자 그대로 "내 영혼이 돌아오게 하신다" 또는 "돌아오게 만드신다"는 뜻을 담고 있다.

베일리는 시편 23편 1-3절의 가장 자연스러운 해석은, 양이 바른 길에서 벗어났고 목자가 그 길을 떠난 양을 직접 찾아가 다시 제자리로 데려오는 장면이라고 매우 설득력 있게 설명한다. 이 표현은 "내 영혼을 회개하게 하신다"라는 의미로도 이해할 수 있다. W. S. 플루머 또한 "이 구절에 가장 흔하게 연결되는 의미는 길을 잃은 상태로부터의 회복이다"라고 말한다.[5] 이 그림은 참으로 아름답다. 양은 쉽게 길을 잃지만, 목자는 항상 지켜보고 있다. 우리는 자주 방황하지만, 그분은 언제나 우리를 찾아서 데리러 오신다.[6]

이러한 관점에서 보면, 시편 23편이 누가복음 15장 1-7절에 나오는 선한 목자의 비유와 얼마나 깊이 연결되어 있는지를 분명히 알 수 있다. 바로 이어지는 "잃은 드라크마를 찾은 여인 비유"(눅 15:8-10)와 "잃은 아들을 되찾은 아버지 비유"(눅 15:11-32)도 마찬가지다. 예수님은 잃어버린 자를 찾아 구원하기 위해 오셨다. 사라진 자를 다시 찾으시고, 방황하는 자를 회개와 회복으로 이끄시기 위해 오셨다. 이것이 바로 성경 전체를 관통하는 이야기이며, 곧 복음의 핵심이다.

하나님께서는 세상을 이처럼 사랑하사 자신의 아들을 이스라엘의 잃어버린 양들을 위해 보내셨고(마 15:24), 그 우리에 속하지 않은 자들까지도 부르셔서 모두 그분의 울타리 안으로 들어오게 하셨다(요 10:16, 17:20-26).

스코틀랜드 하이랜드에서 눈보라 속에 홀로 죽어간 그 어린 목동을 다시 떠올려보라. 그는 길을 잃었지만 예수님께서 그를 찾아내셨다. 선한 목자께서 그 밤에 그에게 오셔서, 그를 들어올려 집으로 데려가셨다.[7] 만약 당신이 그리스도 안에서 사랑하는 이들을 죽음의 장막 너머로 떠나보낸 경험이 있다면, 이것을 기억하라. 예수님께 그들은 잃어버린 존재가 아니다. 주님은 그들이 어디에 있는지 아시며, 어떻게 그들을 찾을지도 아신다. 주님은 그들을 찾아서 집으로 데려오실 것이다. 만약 그들이 그리스도 안에서 넘어졌다면, 그분은 그들을 들어올리시고 조심스레 부축해주실 것이다. 주님은 양들을 한 마리도 빠짐없이 반드시 돌아오게 하실 것이다.

우리는 우리를 돌보시는 이 목자가 어떤 분이신지 결코 잊어서는 안 된다. 그분은 불붙은 떨기나무 가운데 나타나셨던 주님이시다. 스스로 존재하시며 결코 쇠하지 않는 능력의 하나님이시다. 그분의 끝없는 돌보심은, 그분이 자기 자신 안에서 완전히 충족되시는 분이기에 가능한 일이다. 그분은 자기 양 한 마리도 잃어버리실 수 없는 분이다.

그분은 죄와 죽음이라는 우리의 가장 큰 원수를 정복하셨다. 그 방법은, 그분 자신이 사망의 음침한 골짜기로 들어가시고, 아버지께 버림받으시며, 축복의 잔이 아닌 저주의 잔을 마시는 것이었다. 그분은 십자가 위에서 목마르셨고, 그분의 잔은 넘치지 않았다. 그러나 죽음을 견뎌내신 후 살아서 부활하셨고, 이제 자기 백성을 집으로 인도하고 계신다. "내 아버지 집에 거할 곳이 많도다 … 내가 너희를 위하여 거처를 예비하러 가노니 … 내가 다시 와서 너희를 내게로 영접하여 나 있는 곳에 너희도 있게 하리라"(요 14:2-3).

이 말은 곧, 이 아름다운 시편이 단순히 한 마리 양이 아침에 우리를 나와 들판과 골짜기를 지나 하루를 보내고, 해 질 무렵 목자와 함께 안전하게 집으로 돌아오는 일상의 이야기만은 아니라는 뜻이다. 이 시편은 궁극적으로 에덴동산에서 우리의 첫 조상이 타락한 이후, 우리가 여호와의 거처였던 동산에서 추방되어 죄와 종살이의 땅에서 약속의 땅으로 인도받는, 곧 출애굽의 구원을 필요로 하게 된 그 거대한 이야기 전체를 담고 있는 노래이다.

그러나 약속의 땅에 들어간 후에도 우리는 여전히 반역을 되풀이했다. 이번에는 완전한 동산을 파괴한 데서 그치지 않고, 젖과 꿀이 흐르던 그 땅마저 황폐하게 만들고 말았다. 그리고 그렇게 동일한 패턴이 반복되었다. 우리는 또다시 추방되었고, 종살이 상태로 전락했으며, 다시 한번 새로운 출애굽의 구원을 필요로 하게 되었다. 물론 포로에서 돌아온 사건은 하나의 구원이었지만, 그것은 완전한 회복이 아니었다. 모든 예언자들이 약속했던 것들을 **모두** 이루는 것처럼 보이지도 않았다. 창세 이래로 우리는 끊임없이 '집으로 돌아가고자 하는 갈망'을 품고 살아왔다. 그리고 그 궁극적인 귀환은 오직 우리를 집으로 인도하시기 위해 오신 참된 선한 목자, 예수 그리스도를 통해서만 가능했다.

우리가 돌아가게 될 그 집은 회복된 에덴이다. 그러나 그뿐만이 아니다. 그곳은 온 피조 세계를 아우르는 차원에서 확장되고 완성된 에덴이다.

에덴은 하나님께서 처음으로 인간과 함께하신 땅 위의 거처였다. 하나님과 사람이 완전한 교제 속에 함께 거하던 첫 번째 집이었다. 그 이후로 이 땅에서 하나님께서 거하신 모든 장소는 에덴을 본떠 지어졌다. 장막과 성전은 모두 '동산-성소(garden-sanctuary)'의 형태로 설계되었고, 그 벽면에는 나무와 꽃, 보석 등 에덴의 이미지를 담은 장식들이 새겨졌다. 그리고 그 성막과 성전의 중심에는 궁극적인 하나님의 처소, 곧 지성소(holy of holies)가 자리하고 있었다.

그런데 놀랍게도, 성경의 마지막 책인 요한계시록에서 묘사하는 하나님의 종말론적 거처에는 지성소가 등장하지 않는다. 그 이유는 실로 경이롭다. 성막과 성전의 중심이었던 지성소는 바닥과 천장이 모두 금으로 된 완전한 정육면체였다. 그런데 요한계시록에서는 이 지성소의 형상이 새 하늘과 새 땅 전체를 채우는 도시, 곧 "정금"으로 된 성(계 21:18)으로 확장되어 나타난다. 이제 에덴에서 시작되어 성막과 성전의 지성소를 채웠던 그 금은 새 창조의 중심이자 전 우주적 성소인 이 세상 전체에 충만하게 깃들어 있다.

이것이 바로 복음의 이야기다. "이전에는 지성소 안에만 머물던 하나님의 특별한 임재가 이제 온 땅을 덮을 만큼 충만해졌다."[8]

그래서 하늘에서 새 예루살렘, 거룩한 성이 내려오는 것이다. 바로 그곳이 하나님께서 우리와 함께 영원히 거하실 장소이기 때문이다. "보라 하나님의 장막이 사람들과 함께 있으매 하나님이 그들과 함께 계시리니 그들은 하나님의 백성이 되고 하나님은 친히 그들과 함께 계셔서"(계 21:3).

이곳이 바로 주님의 집이다.

우리가 이토록 영광스러운 집과 이토록 기쁨 가득한 귀향을 갈망하는 이유는, 아마도 이 세상의 폐허 속에서 살아가는 삶이 어떠한 것인지를 너무나도 잘 알기 때문일 것이다. 사랑과 생명으로 가득한 집은 아무리 소박해도 이 땅에서 가장 행복한 궁전이 될 수 있지만, 갈등과 슬픔이 가득한 집은 가장 참혹한 감옥이 되기도 한다.

시편 23편이 우리 마음 깊은 곳을 울리는 까닭은, 그 시편이 우리 안에 자리한 깊은 갈망, 곧 '모든 것이 마침내 온전히 회복되고, 조건 없는 환대와 흠 없는 아름다움, 완전함이 가득한 곳에 이르기를 바라는 마음'에 정확히 응답하고 있기 때문이다. 그래서 우리는 지금도 선한 목자 되신 그리스도와 함께, 긴장과 갈등이 존재하는 이 삶의 현실 속에서, 그분의 '이미' 임한 통치와 '아직' 완성되지 않은 나라 사이를 살아가고 있다. 지금 우리는 아직 집에 도착하지 않았지만, 분명 집을 향해 가고 있다. 왜냐하면, 그분이 우리를 이끌고 계시기 때문이다.

조지 맥도널드(George MacDonald)는 1888년, 남편을 떠나보낸 마운트템플 부인에게 다음과 같은 아름다운 위로의 말을 남겼다.

> 우리는 사방에 창문이 있는 집 안에 있습니다. 그중 한 창문을 내다보면, 한때 사랑스럽던 정원이 짓밟히고 찢겨 있으며, 너도밤나무는 쓰러지고, 분수는 부서져 있는 모습이 보입니다. 당신은 그 창가에 앉아 모든 것이 너무도 비참하게 느껴질 것입니다. 이제 그 창문을 닫으십시오. 제가 말하려는 것은 정원이 얼마나 아름다웠는지를 잊으라는 것이 아닙니다. 다만, 지금의 파괴된 모습에만 마음을 빼앗기지 말라는 뜻입니다.
>
> 다른 창문을 열어보십시오. 그곳에는 거대한 산들이 하늘을 향해 솟아 있고, 별들이 떠올랐다가 지며 산봉우리를

왕관처럼 감싸고 있습니다. 그 계단 아래를 내려다보십시오. '당신을 위로하시기 위해 내려오시는 인자(人子)'의 발걸음을 기다리며 말입니다.

만일 이 세상이 전부라면, 그것만으로는 별 가치가 없을 것입니다. 그랬다면 저는 큰 절망에 빠졌을지도 모릅니다. 그러나 이곳은 아버지의 집으로 들어가는 현관, 곧 기다림의 공간일 뿐이며, 하나님께서는 우리가 이곳에서 완전히 행복하리라고 기대하지 않으십니다. 오히려 때로는 몹시 불행해야 한다는 것도 알고 계십니다. 하지만 우리는 점점 그 집에 가까이 다가가고 있습니다.[91]

당신은 단순히 어딘가를 향해 목자와 함께 길을 걷고 있는 것이 아니다. 당신의 출애굽 여정은 목적 없는 광야에서의 방황이 아니다. 지금 당신은 아버지 집의 현관 앞에 서 있다. 당신은 지금, 주님의 집을 향해 가고 있다.

오, 주 하나님, 우리가 마지막으로 깨어나는 그날, 우리를 하늘의 집과 문으로 인도하소서. 그 문을 지나 그 집에 거하게 하소서. 그곳에는 어둠도 없고 눈부심도 없으며, 오직 하나의 빛만이 있습니다. 소음도 없고 침묵도 없으며, 오직 하나의 음악만이 있습니다. 두려움도 없고 희망도 없으며, 오직 하나의 소유만이 있습니다. 시작도 없고 끝도 없으며, 오직 하나의 영원만이 있습니다. 주님의 영광과 통치가 머무는 그곳, 끝없는 세상에서.[10]

찬송으로 울려 퍼지는 시편 23편

사랑의 왕,
나의 목자 되시네

내 목자는 사랑의 왕 선하고 미쁘시네
내가 주님의 것이매 부족함이 없도다

생명수 흐르는 곳에 내 영혼 이끄시고
푸른 방초 동산에서 하늘 양식 주시네

어리석게 방황해도 사랑의 손으로써
인자하게 주의 집에 날 인도하셨도다

어리석게 방황해도 사랑의 손으로써
주님이 거한 집으로 날 인도하시었네

죽음 골짝 두렵잖네 내 곁에 주 계시면
그 막대기와 지팡이 날 인도하시도다

내 앞에 상을 펴시사 은혜로 채우시니
하늘 축복과 은총이 내 잔에 넘치도다

긴 세월 지나갈지나 선함은 영원하리
내 선한 목자 향하여 노래로 찬양하네

긴 세월 지나갈지나 선함은 영원하리
내 선한 목자 향하여 노래로 찬양하겠네, 아멘.

ⓒ 1982 The Jubliate Group(Hope Publishing Company에서 저작권 관리). 모든 권리는 저작권자에게 있으며, 본 사용은 정식 허가를 받은 것입니다.

감사의 글

내가 이 땅에서 가장 큰 빚을 지고 있는 두 가족이 있다. 첫 번째 가족은 아내 안젤라와 아이들 아치와 엘라, 샘, 릴리, 그리고 우리를 위해 아낌없이 헌신해준 부모님으로 이루어진 가족이다. 그리고 두 번째 가족은 스코틀랜드 애버딘에 위치한 트리니티 교회라는 믿음의 가족이다.

첫 번째 가족은 내가 글을 쓸 수 있도록 만들어주는 존재이고, 두 번째 가족은 내가 글을 쓰는 일을 즐겁게 만들어주는 존재이다. 이 책은 처음에 설교로 전해진 것이었다. 트리니티 가족의 격려는 그 설교가 책으로 완성되기까지 나를 이끌어준 원동력이 되었다.

나는 내 동생 조너선이 캠브리지 장로교회에서 사역하던 시절에 전한 시편 23편 설교에 큰 도움을 받았다. 이 책에는 그의 통찰 중 일부가 담겨 있으며, 특히 시편의 히브리어 해석에 있어서 그에게 많은 빚을 지고 있다. 조너선은 내가 시편 23편을 설교한 이후에 다시 한 번 이 본문을 설교했고, 우리는 서로 인용문이나 예화, 본문에 대한 이해를 자유롭게 나누며 함께 발전시켜왔다. 그래서 어떤 부분에서는 누가 먼저 어떤 생각을 했는지조차 기억나지 않을 정도다―물론 정말 뛰어난 내용이었다면 분명 내가 한 말일 가능성이 높다. 그럼에도 나는 그의 자료가 사용된 부분마다 가능한 한 적절하게 출처를 밝히려 노력했다.

트리니티 교회에서 사역자로서 이미 다양한 역할을 감당하고 있던 한나 맥이완은 여기에 '연구 조교'라는 직함까지 더해 자료 준비 등 여러 도움을 주었다. 또한 아름다운 로스셔의 편에 있는 지니스 하우스의 '작가의 다락방'에서 글을 쓸 수 있도록 따뜻한 환대를 베풀어준 맥켄지 가족에게도 특별한 감사를 전한다.

이 책을 드루 털럭에게 헌정하게 되어 참으로 기쁘다. 그는 트리니티 교회의 음악 코디네이터로서 공동체의 든든한 기둥 같은 존재이다. 40년이 넘는 세월 동안, 드루는 탁월한 음악적 재능에 영적 민감함과 개인적 헌신을 더하여, 애버딘 지역의 하나님의 백성들을 섬겨왔다. 세인트 디베닉 교회, 길컴스턴 사우스 교회, 하이처치 힐튼, 그리고 트리니티 교회에 이르기까지, 여러 교회 공동체가 그의 음악적 섬김과 예배 인도, 그리고 다른 음악인들과 찬송 작가들을 돌보고 멘토링해온 그의 헌신을 통해 헤아릴 수 없는 복을 누렸다.

나는 그의 경건함과 우정, 그리고 지혜를 말로 다 표현할 수 없을 만큼 귀하게 여겨 왔다.

내가 드루를 위해 드리는 기도 중 하나는, 존 스토트 목사의 연구 조교가 '존 아저씨(Uncle John)'에게 보낸 편지의 마지막 문장과 닮아 있다. "제발 영원히 살아주세요." 물론 드루는 아마 이렇게 말할 것이다. "주님이 그 기도를 내가 원하는 방식으로는 응답하지 않으시길 바란다!" 그래서 응답되기 어려운 그 기도 대신 진심 어린 감사의 마음을 담아 이 책을 그에게 헌정한다.

그의 아내 피오나와 아들 데이비드에게도 선한 목자의 임재와 시편 23에서 끊임없이 흘러나오는 새 힘이 '긴 날 동안' 늘 함께하기를 기도한다.

가장 어두운 순간, 가장 가까이에

미주

들어가며

1) William S. Plumer, *Psalms: A Critical and Expository Commentary with Doctrinal and Practical Remarks*, (Edinburgh: Banner of Truth, 1975), 7.

2) David Firth, *Hear, O Lord: A Spirituality of the Psalms* (Calver, UK: Cliff College Publishing, 2005), 36.
Richard S. Briggs, *The Lord Is My Shepherd: Psalm 23 for the Life of the Church* (Grand Rapids, MI: Baker Academic, 2021), 65.

3) Briggs, *The Lord Is My Shepherd*, 66, 99.

4) Alec Motyer, *New Bible Commentary* (Leicester, UK: Inter-Varsity Press, 1994), 500.
Susan Gillingham, *Psalms through the Centuries: A Reception History Commentary on Psalms 1–72*, vol. 2 (West Sussex, UK: Wiley Blackwell, 2018), 145.

5) Motyer, *New Bible Commentary*, 500.

6) 이 점에 대한 통찰은 조너선 깁슨(Jonathan Gibson)의 설교 "Comfort for All of Life"(시편 23편 강해, 2016년 2월 28일, 케임브리지 장로교회)에서 얻은 것이다. https://www.cambridgepres.org.uk/.

7) Gibson, "Comfort for All of Life."

8) John Calvin, *Institutes of the Christian Religion*, ed. John T. McNeill, trans. Ford Lewis Battles (Philadelphia: Westminster, 1960), 2.16.19.

1부 양과 목자

1) Charles Spurgeon, *The Treasury of David*, 3 vols. (Peabody, MA: Hendrickson, 1988), 1:351.

2) Spurgeon, *The Treasury of David*, 1:351.

3) Athanasius, *Letter to Marcellinus*, paraphrased in John Goldingay, Psalms, vol. 1, Psalms 1-41 (Grand Rapids, MI: Baker Academic, 2006), 23 (emphasis added).

이름 없는 나를 아시는 이가

1) Mike Cain, *Real Life Jesus: Meaning, Freedom, Purpose* (Nottingham, UK: Inter-Varsity Press, 2008), 142.

2) W. Phillip Keller, *A Shepherd Looks at Psalm 23* (Grand Rapids, MI: Zondervan, 1970), 2. 『양과 목자』(필립 켈러 지음, 김만풍 옮김, 생명의 말씀사, 1978).

David B. Calhoun, *A Sheep Remembers* (Edinburgh: Banner of Truth, 2021), 8–11.

3) Philip G. Ryken, *Exodus: Saved for God's Glory*, Preach the Word (Wheaton, IL: Crossway, 2015), 86.

4) Joel R. Beeke and Paul M. Smalley, *Reformed Systematic Theology*, vol. 1, Revelation and God (Wheaton, IL: Crossway, 2019), 554. 『개혁파 조직신학 1』(조엘 R. 비키와 폴 스몰리 지음, 박문재 옮김, 부흥과개혁사, 2021).

5) Sinclair Ferguson의 설교 일부가 Timothy Brindle의 곡 'Self-Sufficiency'(자존성) 안에 인용되었으며, 이 곡은 Shai Linne의 2011년 앨범 The Attributes of God의 보너스 트랙 14번으로 수록되었다. 앨범은 Lamp Mode Recordings에서 발매되었다.

6) Westminster Confession of Faith 2.2. 『웨스트민스터 신앙고백서』 2.2.

7) Alexander Maclaren, *Expositions of Holy Scripture*, 11 vols. (Grand Rapids, MI: Eerdmans, 1952–1959), 1:23–24; cited in Ryken, Exodus, 87–88.

8) John Mason, "How Shall I Sing That Majesty?"(1683), https://hymnary.org/.

9) Kenneth E. Bailey, *The Good Shepherd: A Thousand-Year Journey from Psalm 23 to the New Testament* (London: SPCK, 2015), 35. See Ps. 18, for instance, where most of these images are used together for cumulative effect.

10) Bailey, *The Good Shepherd*, 37 (emphasis original).

11) Bailey, *The Good Shepherd*, 38. He suggests that, in the many dangers on the open pasturelands of the Middle East, saying "The Lord is my shepherd" means, among other things, "I have no police protection" (37).

12) Cited in William S. Plumer, *Psalms: A Critical and Expository Commentary with Doctrinal and Practical Remarks* (Edinburgh: Banner of Truth, 1975), 309.

13) Beeke and Smalley, *Reformed Systematic Theology*, 1:551 (emphasis original). 『개혁파 조직신학 1』.

14) Beeke and Smalley, *Reformed Systematic Theology*, 1:558. 『개혁파 조직신학 1』.

15) John Preston, *Life Eternall, or, A Treatise on the Divine Essence and Attributes*, 2nd ed. (London, 1631), pt. 1, 96. 『개혁파 조직신학 1』에서 인용됨.

16) 이 이야기의 전문은 https://www.fahanchurch.org(2022년 3월 2일)에 있다.

나를 풀밭에 누이시고 물가로 이끄시네

1) Harold S. Kushner, *The Lord Is My Shepherd: Healing Wisdom of the Twenty-Third Psalm* (New York: Knopf, 2003), 29. 쿠쉬너는 자신이 한 상점 진열장에 붙어 있는 문구에 대해 이야기한다. "저희 가게에 없다면, 그건 당신에게 필요 없는 것입

니다." 그는 이어서 이렇게 덧붙인다. "시편이 전하는 메시지는 이와 비슷하다. 아무리 간절히 원하는 것일지라도 지금 당신에게 없는 것이라면, 그것은 진짜로 필요한 것이 아닐 수 있다. 정말로 필요했다면, 하나님께서 이미 주셨을 것이다."

2) Richard S. Briggs, *The Lord Is My Shepherd: Psalm 23 for the Life of the Church* (Grand Rapids, MI: Baker Academic, 2021), 73-74.

3) Kenneth E. Bailey, *The Good Shepherd: A Thousand-Year Journey from Psalm 23 to the New Testament* (London: SPCK, 2015), 38-39 (emphasis original).

4) Kushner, *The Lord Is My Shepherd*, 39.

5) Kushner, *The Lord Is My Shepherd*, 41.

6) Briggs, *The Lord Is My Shepherd*, 149.

7) Peter C. Craigie, *Psalms 1–50*, Word Biblical Commentary (Grand Rapids, MI: Zondervan, 2004), 206.

8) Craigie, *Psalms 1–50*, 206.

9) James M. Hamilton Jr., *Psalms*, vol. 1, Evangelical Biblical Theology Commentary (Bellingham, WA: Lexham, 2021), 295-96.

10) Hamilton, *Psalms*, 296.

11) Alastair J. Roberts and Andrew Wilson, *Echoes of Exodus: Tracing Themes of Redemption through Scripture* (Wheaton, IL: Crossway, 2018), 94. 『출애굽의 메아리: 성경 전체에 울려 퍼지

는 구속의 선율』(알라스테어 로버츠와 앤드루 윌슨 지음, 송동민 역, 복있는 사람, 2020).

12) Roberts and Wilson, *Echoes of Exodus*, 94-95.『출애굽의 메아리: 성경 전체에 울려 퍼지는 구속의 선율』.

13) 이 부분은 케네스 베일리의 탁월한 저작인 *The Good Shepherd* (153-186쪽)에 큰 빚을 지고 있다. 베일리는 시편 23편의 흐름이 마가복음 6장 7-52절의 전개와 거의 정확히 평행을 이루고 있다는 점을 설득력 있게 제시한다(특히 175쪽 참조).

14) Hamilton, *Psalms*, 296.

15) Craigie, *Psalms 1-50*, 206.

16) Roberts and Wilson, *Echoes of Exodus*, 14.

17) Craigie, *Psalms 1-50*, 207.

18) Matthew Henry, *Matthew Henry's Commentary*, vol. 3 (Peabody, MA: Hendrickson, 1991), 258; David B. Calhoun, *A Sheep Remembers* (Edinburgh: Banner of Truth, 2021), 27에서 재인용.

의의 길에서 그분의 발소리가 들려오네

1) Richard S. Briggs, *The Lord Is My Shepherd: Psalm 23 for the Life of the Church* (Grand Rapids, MI: Baker Academic, 2021), 145.

2) Abraham Joshua Heschel, *The Sabbath: Its Meaning for Modern Man* (New York: Farrar, Straus and Giroux, 1951), 14.

3) Briggs, *The Lord Is My Shepherd*, 148.
4) Heschel, *The Sabbath*, 13.
5) Harold S. Kushner, *The Lord Is My Shepherd: Healing Wisdom of the Twenty-Third Psalm* (New York: Knopf, 2003), 60.
6) Michael Horton, *Lord and Servant: A Covenant Christology* (Louisville: Westminster John Knox, 2005), 220. 『주님과 종』(마이클 호튼 지음, 김진운 옮김, CLC, 2022).
7) Alastair J. Roberts and Andrew Wilson, *Echoes of Exodus: Tracing Themes of Redemption through Scripture* (Wheaton, IL: Crossway, 2018), 15. 『출애굽의 메아리』
8) Bruce K. Waltke and James M. Houston, *The Psalms as Christian Worship: A Historical Commentary* (Grand Rapids, MI: Eerdmans, 2010), 439.
   James M. Hamilton Jr., *Psalms*, vol. 1, Evangelical Biblical Theology Commentary (Bellingham, WA: Lexham, 2021), 293–95.
9) Kenneth E. Bailey, *The Good Shepherd: A Thousand-Year Journey from Psalm 23 to the New Testament* (London: SPCK, 2015), 41.
10) Waltke and Houston, *The Psalms as Christian Worship*, 440.
11) Phillip Keller, *A Shepherd Looks at Psalm 23* (Grand Rapids,

MI: Zondervan, 1970), 3. 『양과 목자』.

12) John Piper, *The Pleasures of God* (Fearn, Ross-shire, Scotland: Christian Focus, 2001), 100.

13) Piper, *The Pleasures of God*, 101.

2부 나그네와 동반자

1) Charles Spurgeon, *The Treasury of David*, 3 vols. (Peabody, MA: Hendrickson, 1988), 1:355.

두려움 속에서 나를 이끄시고

1) Briggs, *The Lord Is My Shepherd: Psalm 23 for the Life of the Church* (Grand Rapids, MI: Baker Academic, 2021), 151-52. William L. Holladay, *The Psalms through Three Thousand Years: Prayerbook of a Cloud of Witnesses* (Minneapolis: Fortress, 1993).

2) Holladay, *Psalms through Three Thousand Years*, 364, cited in Briggs, *The Lord Is My Shepherd*, 152.

3) Briggs, *The Lord Is My Shepherd*, 152.

4) Briggs, *The Lord Is My Shepherd*, 90.

5) Peter C. Craigie, *Psalms 1-50*, Word Biblical Commentary (Grand Rapids, MI: Zondervan, 2004), 207. Briggs의 *The Lord Is My Shepherd*는 이 주제에 대한 최근 논의 중 가장 상세한 설명을 제공하며, 다른 접근 방식을 통해서이긴 하지만 번역상 잘 알려

진 "죽음의 그늘"이라는 표현을 옹호한다(88-93쪽 참조).

6) Kenneth E. Bailey, *The Good Shepherd: A Thousand-Year Journey from Psalm 23 to the New Testament* (London: SPCK, 2015), 47. 여기서 베일리는 M. P. Krikorian의 저서 *The Spirit of the Shepherd: An Interpretation of the Psalm Immortal*, 2nd ed. (Grand Rapids, MI: Zondervan, 1939)의 68-69쪽을 인용한다.

7) Bailey, *The Good Shepherd*, 47.

8) Briggs, *The Lord Is My Shepherd*, 94.

9) John Calvin, *Commentaries on the First Book of Moses Called Genesis*, trans. John King, vol. 1 (1847; repr., Grand Rapids, MI: Baker, 1996), 127.

10) Calvin, *Commentaries on the First Book of Moses*, 1:128.

11) Douglas Sean O'Donnell and Leland Ryken, *The Beauty and Power of Biblical Exposition: Preaching the Literary Artistry and Genres of the Bible* (Wheaton, IL: Crossway, 2022), 176.

12) Charles Spurgeon, *The Treasury of David*, 3 vols. (Peabody, MA: Hendrickson, 1988), 1:355.

13) Spurgeon, *The Treasury of David*, 1:355.

가장 어두운 순간, 가장 가까이에서

1) Robert Waldinger의 연구를 Zain Kahn이 인용함, "하버드

의 84년간 성인 발달 연구," 트위터, 2022년 5월 11일, https://twitter.com/heykahn/status/1524422842950975489.

2) Charles Spurgeon, *The Treasury of David*, 3 vols. (Peabody, MA: Hendrickson, 1988), 1:355.

3) John Calvin, *Commentary on the Book of Psalms*, trans. James Anderson, vol. 4 (1847; repr., Grand Rapids, MI: Baker, 1998), 395.

4) Calvin, *Commentary on the Book of Psalms*, 4:395.

5) J. M. Mason, cited in William S. Plumer, *Psalms: A Critical and Expository Commentary with Doctrinal and Practical Remarks* (Edinburgh: Banner of Truth, 1975), 313.

6) John Bunyan, *The Pilgrim's Progress: From This World to That Which Is to Come*, ed. C. J. Lovik (Wheaton, IL: Crossway, 2009), 93.

7) Peter C. Craigie, *Psalms 1–50*, Word Biblical Commentary (Grand Rapids, MI: Zondervan, 2004), 207.

8) Richard S. Briggs, *The Lord Is My Shepherd: Psalm 23 for the Life of the Church* (Grand Rapids, MI: Baker Academic, 2021), 96.

9) Derek Kidner, *Psalms 1–72* (Leicester, UK: Inter-Varsity Press, 1973), 111.

10) Plumer, *Psalms*, 7쪽에 인용됨.

11) 이 점에 대한 통찰은 조너선 깁슨(Jonathan Gibson)의 설교 "Com-

fort for All of Life"(시편 23편 강해, 2016년 2월 28일, 케임브리지 장로교회)에서 얻은 것이다. https://www.cambridgepres.org.uk/.

12) Thomas Goodwin, *The Heart of Christ* (Edinburgh: Banner of Truth, 2011), 15.

13) Goodwin, *The Heart of Christ*, 16.

14) Goodwin, *The Heart of Christ*, 26.

지팡이와 막대기로 지키고 인도하시네

1) 이는 Dale Ralph Davis의 *Slogging Along in the Paths of Righteousness: Psalms 13–24* (Fearn, Ross-shire, Scotland: Christian Focus, 2014), 168쪽에 재인용된 내용이다. 이 묘사는 J. L. Porter의 *Giant Cities of Bashan; and Syria's Holy Places* (New York: T. Nelson, 1867), 46쪽에 나온 것이다.

2) Davis, *Slogging Along in the Paths*, 168–69.

3) Charles Spurgeon, *The Treasury of David*, 3 vols. (Peabody, MA: Hendrickson, 1988), 1:356.

4) Richard S. Briggs, *The Lord Is My Shepherd: Psalm 23 for the Life of the Church* (Grand Rapids, MI: Baker Academic, 2021), 101.

5) Kenneth E. Bailey, *The Good Shepherd: A Thousand-Year Journey from Psalm 23 to the New Testament* (London: SPCK, 2015), 50.

6) Bailey, *The Good Shepherd*, 51.

7) John Goldingay, *Psalms, vol. 1, Psalms 1–41* (Grand Rapids, MI: Baker Academic, 2006), 351.

8) Bailey, *The Good Shepherd*, 53.

9) Goldingay, *Psalms*, 1:351.

10) Robert Robinson, "Come, Thou Fount of Every Blessing" (1758), https://hymnary.org/.

3부 손님과 주인

1) C. S. Lewis, *Reflections on the Psalms* (London: Fontana, 1961), 23 – 24. 『시편사색』(C. S. 루이스 지음, 이종태 옮김, 홍성사, 2018). 같은 사상이 Harold S. Kushner, *The Lord Is My Shepherd: Healing Wisdom of the Twenty-Third Psalm* (New York: Knopf, 2003), 125 – 34쪽에도 나타난다.

2) C. S. Lewis, *The Lion, the Witch and the Wardrobe* (1950; repr., London: HarperCollins, 1980), 105. 『나니아 연대기』(C. S. 루이스 지음, 햇살과나무꾼 옮김, 시공주니어, 2023).

3) Lewis, *The Lion, the Witch and the Wardrobe*, 105 – 6.

4) Dale Ralph Davis, *Slogging Along in the Paths of Righteousness: Psalms 13–24* (Fearn, Ross-shire, Scotland: Christian Focus, 2014), 173.

원수 앞에 상을 차리시고

1) Richard S. Briggs, *The Lord Is My Shepherd: Psalm 23*

for the Life of the Church (Grand Rapids, MI: Baker Academic, 2021), 102; Peter C. Craigie, *Psalms 1–50*, Word Biblical Commentary (Grand Rapids, MI: Zondervan, 2004), 207.

2) Derek Kidner, *Psalms 1–72* (Leicester, UK: Inter-Varsity Press, 1973), 111–12.

3) Kidner, *Psalms 1–72*, 58.

4) William S. Plumer, *Psalms: A Critical and Expository Commentary with Doctrinal and Practical Remarks* (Edinburgh: Banner of Truth, 1975), 314.

5) John Calvin, *Commentary on the Book of Psalms*, trans. James Anderson, vol. 4 (1847; repr., Grand Rapids, MI: Baker, 1998), 396.

6) Briggs, *The Lord Is My Shepherd*, 108.

7) James M. Hamilton, *Psalms*, vol. 1, Evangelical Biblical Theology Commentary (Bellingham, WA: Lexham, 2021), 297.

8) Craigie, *Psalms 1–50*, 208.

9) Kenneth E. Bailey, *The Good Shepherd: A Thousand-Year Journey from Psalm 23 to the New Testament* (London: SPCK, 2015), 54. Bailey is citing George Lamsa, *The Shepherd of All: The Twenty-Third Psalm* (Philadelphia: Holman, 1930), 65–66.

10) Bailey, *The Good Shepherd*, 55.

11) Phillip Keller, *A Shepherd Looks at Psalm 23* (Grand Rapids, MI: Zondervan, 1970), 91–99. 『양과 목자』.

12) J. Douglas MacMillan, *The Lord Our Shepherd* (Leyland, UK: Evangelical Press of Wales, 1983), 115-18.

13) Alec Motyer, *New Bible Commentary* (Leicester, UK: Inter-Varsity Press, 1994), 500-501; Dale Ralph Davis, *Slogging Along in the Paths of Righteousness: Psalms 13-24* (Fearn, Ross-shire, Scotland: Christian Focus, 2014), 169.

14) Bailey, *The Good Shepherd*, 57-58.

15) C. S. Lewis, *Reflections on the Psalms* (London: Fontana, 1961), 24. 『시편사색』.

16) Bailey, *The Good Shepherd*, 57.

17) Craigie, *Psalms 1-50*, 208.

18) Harold S. Kushner, *The Lord Is My Shepherd: Healing Wisdom of the Twenty-Third Psalm* (New York: Knopf, 2003), 155.

19) Charles Spurgeon, *The Treasury of David*, 3 vols. (Peabody, MA: Hendrickson, 1988), 1:356.

끝까지 나를 따라오셔서

1) Richard S. Briggs, *The Lord Is My Shepherd: Psalm 23 for the Life of the Church* (Grand Rapids, MI: Baker Academic, 2021), 115.

2) Briggs, *The Lord Is My Shepherd*, 116.

3) Nancy de Claisse-Walford, Rolf A. Jacobson, and Beth

LaNeel Tanner, *The Book of Psalms, The New International Commentary on the Old Testament* (Grand Rapids, MI: Eerdmans, 2014), 7-8쪽; Briggs, *The Lord Is My Shepherd*, 114쪽에서 인용됨.

4) Peter C. Craigie, *Psalms 1–50*, Word Biblical Commentary (Grand Rapids, MI: Zondervan, 2004), 208.

5) Charles Spurgeon, *The Treasury of David*, 3 vols. (Peabody, MA: Hendrickson, 1988), 1:356.

6) Dale Ralph Davis, *Slogging Along in the Paths of Righteousness: Psalms 13–24* (Fearn, Ross-shire, Scotland: Christian Focus, 2014), 171.

7) 이 내용은 나의 동생 조너선 깁슨의 설교, "The King of Love My Shepherd Is"에서 인용한 것이다. 그 설교는 시편 23편을 본문으로 2022년 4월 6일에 웨스드민스티 신학교 채플에서 진해졌다.

8) Briggs, *The Lord Is My Shepherd*, 113.

9) C. F. Keil and F. Delitzsch, *Commentary on the Old Testament*, vol. 5, *Psalms* (Peabody, MA: Hendrickson, 1996), 209; Dale Ralph Davis provides the same translation in *Slogging Along in the Paths*, 171.

10) Davis, *Slogging Along in the Paths*, 171.

11) Kenneth E. Bailey, *The Good Shepherd: A Thousand-Year Journey from Psalm 23 to the New Testament* (London: SPCK,

2015), 61.

12) Davis, *Slogging Along in the Paths*, 171.

13) Justin Taylor, "A Woman of Whom the World Was Not Worthy: Helen Roseveare(1925 – 2016)," TGC (blog), December 7, 2016, https://www.thegospelcoalition.org/.

14) Taylor, "A Woman of Whom the World Was Not Worthy."

15) Taylor, "A Woman of Whom the World Was Not Worthy." Dr. Helen Roseveare's autobiography is available in two volumes, *Give Me This Mountain* (Fearn, Ross-shire, Scotland: Christian Focus, 2012) and *He Gave Us a Valley* (Fearn, Ross-shire, Scotland: Christian Focus, 2013).

16) Gibson, "The King of Love My Shepherd Is."

17) https://hymnary.org/.

영원히 거할 그곳으로 나를 부르시네

1) Richard S. Briggs, *The Lord Is My Shepherd: Psalm 23 for the Life of the Church* (Grand Rapids, MI: Baker Academic, 2021), 124.

2) So Dale Ralph Davis, *Slogging Along in the Paths of Righteousness: Psalms 13–24* (Fearn, Ross-shire, Scotland: Christian Focus, 2014), 172; and see especially Briggs, *The Lord Is My Shepherd*, 125 – 27.

3) Augustine, *Confessions* 1.1.1, New Advent, https://www.

newadvent.org/.

4) H. W. Baker, rev. The Jubilate Group ⓒ 1982 The Jubilate Group (Admin. Hope Publishing Company, www.hopepublishing.com). All rights reserved. Used by permission.

5) William S. Plumer, *Psalms: A Critical and Expository Commentary with Doctrinal and Practical Remarks* (Edinburgh: Banner of Truth, 1975), 311.

6) 이 내용은 나의 동생 조너선 깁슨의 설교, "The King of Love My Shepherd Is"에서 인용한 것이다. 그 설교는 시편 23편을 본문으로 2022년 4월 6일에 웨스트민스터 신학교 채플에서 전해졌다.

7) Gibson, "The King of Love My Shepherd Is."

8) G. K. Beale, *The Temple and the Church's Mission: A Biblical Theology of the Dwelling Place of God* (Nottingham: Inter-Varsity Press, 2004), 370.

9) Glenn Edward Sadler, "Defining Death as 'More Life': Unpublished Letters by George MacDonald"에 인용됨. *North Wind: A Journal of George MacDonald Studies* 3 (1984): 13-14.

10) From *Daily Prayer*, ed. Eric Milner-White and G. W. Briggs (Harmondsworth, UK: Penguin, 1959), http://assets.newscriptorium.com/collects-and-prayers/daily_prayer.htm; building on the words of John Donne, sermon 146,

on Acts 7:60, preached at Whitehall, February 29, 1627.

가장 어두운 순간, 가장 가까이에

초판 1쇄 인쇄 2025년 6월 13일
초판 1쇄 발행 2025년 6월 23일

지은이 데이비드 깁슨
옮긴이 김만호

편집 강민영
디자인 임현주
제작 이광우
경영지원 이성경
인쇄 한국학술정보(주)

펴낸곳 템북
펴낸이 김선희
주소 인천 중구 흰바위로59번길 8, 1036호
전화 032-752-7844
팩스 032-752-7840
이메일 tembook@naver.com
홈페이지 tembook.kr
출판등록 2018년 3월 9일 제2018-00006호

ISBN 979-11-94954-02-6 03230

※ 책값은 뒤표지에 있습니다. 잘못된 책은 구입하신 곳에서 교환해드립니다.